모든 형제여, 주의 깊게 바라봅시다!

- 아씨시 성 프란치스코의 권고 해설 -

Fate attenzione, Fratelli : Le Ammonizioni di san Francesco : parole per conoscere se stessi
Copyright ©2014, Pietro Maranesi, OFM. cap. All rights reserved.
Published by Edizioni Porziuncola

모든 형제여, 주의 깊게 바라봅시다!

교회인가 서울대교구 2025년 3월 05일
초 판 2025년 3월 19일

지은이 피에트로 마라네시 Pietro Maranesi OFM. cap
옮긴이 김정룡 루피노 OFM, 황정민 루카 OFM
교정 교열 조선희
표지·내지 디자인 박선영

펴낸이 김상욱
만든이 이상호
만든곳 프란치스코출판사(제2-4072호)
주 소 서울 중구 정동길 9
전 화 02.6325.5600
팩 스 02.6325.5100
이메일 franciscanpress@hanmail.net
홈페이지 https://blog.naver.com/franciscanpress
인 쇄 유진보라

ISBN 979-11-93541-10-4 03230
값 15,000원

모든 형제여,
주의 깊게 바라봅시다!

아씨시 성 프란치스코의 권고 해설

저자
피에트로 마라네시
Pietro Maranesi OFM. cap

옮긴이
김정룡 루피노 OFM
황정민 루카 OFM

프란치스코 출판사

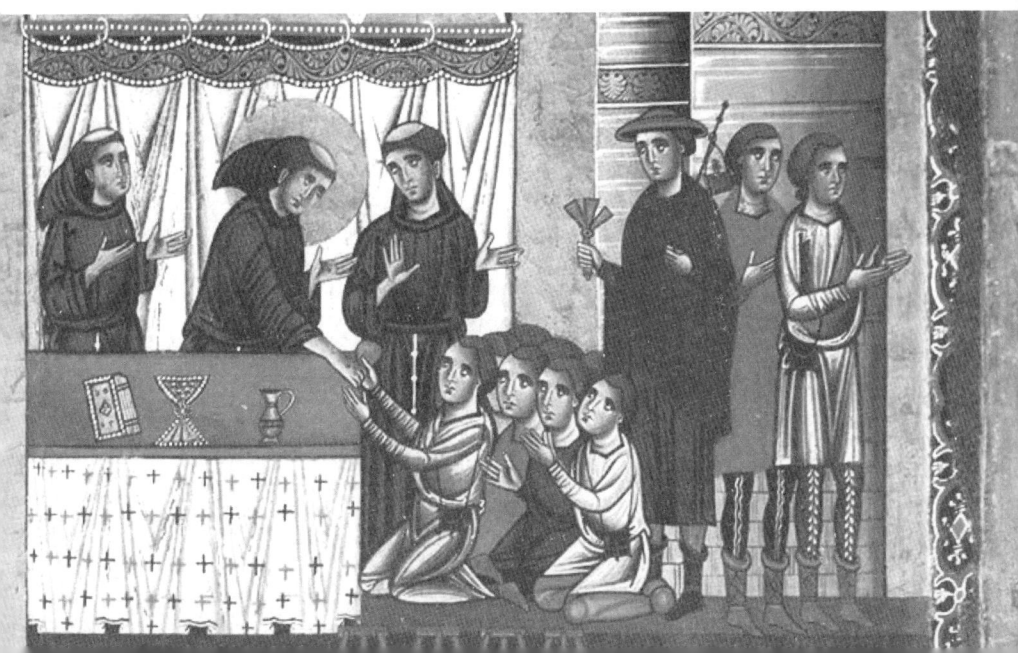

차례

서문 7
약어표 9
소개의 글 10

권고 1 그리스도의 몸 · 38
권고 2 의지를 자기 것으로 삼는 악 · 48
권고 3 완전한 순종 · 55
권고 4 아무도 장상직을 자기의 것으로 삼지 말 것입니다 · 66
권고 5 아무도 교만하지 말고, 주님의 십자가를 자랑할 것입니다 · 76
권고 6 주님을 따름 · 82
권고 7 지식에 선행이 뒤따라야 합니다 · 89
권고 8 시기의 죄를 피할 것입니다 · 95
권고 9 사랑 · 101
권고 10 육신의 제어 · 110
권고 11 다른 사람의 악행 때문에 무너지지 말 것입니다 · 115
권고 12 주님의 영을 어떻게 알 수 있는가 · 122
권고 13 인내 · 127
권고 14 영의 가난 · 132
권고 15 평화 · 139

권고 16 마음의 깨끗함 · 145

권고 17 하느님의 겸손한 종 · 150

권고 18 이웃의 고통에 함께함 · 155

권고 19 하느님의 겸손한 종 · 163

권고 20 주님 안에서 행복한 수도자와 허울 좋은 수도자 · 176

권고 21 헛되고 수다스러운 수도자 · 184

권고 22 잘못을 고침 · 191

권고 23 겸손 · 200

권고 24 참된 사랑 1 · 211

권고 25 참된 사랑 2 · 216

권고 26 하느님의 종들은 성직자들을 존경할 것입니다 · 223

권고 28 선을 잃지 않도록 감춥시다 · 231

결론: 권고 27 악습을 몰아내는 덕 · 237

붙임: 참되고 완전한 기쁨 · 242

서문

이 책의 제목에 관하여

아씨시의 성 프란치스코가 자신의 글에서 사용한 단어 가운데 중요한 것 중 하나로 라틴어 "아텐데레"(attendere)가 있습니다. 성인은 이 단어를 총 8번 사용합니다. 이 단어가 지닌 힘은 그 어원에서 출발하여 파악할 수 있습니다. 곧 "ad" + "tendere"로 '~으로 향하다', '~을 바라보다', '~에 주의를 기울이다'의 뜻입니다. 성인이 작성한 「인준받은 수도규칙」 제10장에서 그 대표적 예를 볼 수 있습니다. "오히려 우리가 무엇보다 먼저 갈망해야 할 주님의 영과 그 영의 거룩한 활동에 집중할 것(attendant)입니다."(인준규칙 10,8) 「권고들」에서 이 단어는 단 두 번밖에 등장하지 않지만, attendere는 프란치스코의 짧막한 28개의 「권고들」 본문 전체를 연결하는 끈 역할을 합니다. 「권고들」이 성인이 형제들에게 한 말씀이라는 기원을 생각하면서 그 내용을 염두에 둔다면, 이 단어가 겉으로 잘 드러나지는 않으나 본문 안에서 끊임없이 반향을 일으키고 있음을 확인할 수 있습니다. "형제들이여, 내 말에 주의를 기울이십시오. 이 말씀은 여러분 마음의 진실에 주의를 기울이는 데 도움이 될 것입니다." 이것이 제가 이 책의 제목으로 『모든 형제여, 주의 깊게 바라봅시다』(Fate attenzione, fratelli!)를 선택한 이유입니다.

저의 글이 독자들로 하여금 프란치스코의 28개 「권고들」에 "주의를 기울이고", 그 놀랍고 풍요로운 의미를 꿰뚫어 보는 데 도움이 되기를 바랍니다. 이 글을 통해 독자들은 자기 내면으로 들어가 솔직하고 진실한 여정을 통해 자신의 마음과 생각을 더 잘 깨닫는 기회가 될 것입니다. 또한 우리 안에 거하시는 분과 신비로운 만남이 더욱 무르익고 깊어지는 계기가 될 것입니다.

피에트로 마라네시 Pietro Maranesi

프란치스코의 글과 약어표

프란치스코의 글

Francesco d'Assisi, *Scritti*, Edizione critica a cura di Carlo Paolazzi, Grottaferrata, 2009.

『아씨시 프란치스코와 클라라의 글』, 작은 형제회 한국 관구 엮음, 프란치스코 출판사, 2014.

약어표

「권고들」	권고
「인준받지 않은 수도규칙」	비인준 규칙
「인준받은 수도규칙」	인준 규칙
「유언」	유언
「어느 봉사자에게 보낸 편지」	봉사자 편지
「신자들에게 보낸 편지 2」	2신자 편지
「형제회에 보낸 편지」	형제회 편지
「레오 형제에게 보낸 편지」	레오 편지
「지극히 높으신 하느님께 드리는 찬미」	하느님 찬미
「참되고 완전한 기쁨」	참 기쁨

소개의 글

복음에서 삶으로!

"공경하올 사부 성 프란치스코가 모든 형제에게 주신 거룩한 권고 말씀"(Verba sancte admonitionis vernerabilis patris sancti Francisci ad omnes fratres). 이것은 아씨시의 사크로 콘벤토Sacro Convento 도서관에 있는 유명한 338번 사본(Codex)에서 28개 「권고들」의 시작 부분에 적힌 루브리카(rubrica: 붉은 글씨)입니다. 이 수사본의 중요성은 널리 알려져 있습니다.[1] 이 양피지 사본은 여러 사람이 필사한 다양한 프란치스칸 본문을 모아, 1279년 8월 이후 한데 묶은 것입니다.[2] 그 중 12r-43v 면에는 3개의 본문 모음이 있는데, 여기

---

1 이에 대한 근본이 되는 연구는 다음과 같다: L. Pellegrini, *La raccolta di testi francescani del codice assisano 338 : un manoscritto composito e miscellaneo*, in *Revirescunt chartae Codices documenta textus. Miscellanea in honorem fr. Caesaris Cenci OFM*, curantibus A. Cacciotti et P. Sella, Edizioni Antonianum, Romae 2002, (Medioevo 5), 289-340.
2 같은 책, 308쪽.

에 큰 글씨와 정확한 필체로 프란치스코의 저술 11개[3]가 최초로 소개되어 있습니다. 이 중에서 18r-23v 면이 「권고들」입니다.

본문 형성의 역사

아씨시 338 수사본의 저자에 관한 가설은 이 사본에 대한 흥미와 가치를 높여 줍니다. 이 선집選集 사본에 대한 분석은 마침내 다음과 같은 가설로 이어졌습니다. "현재 338번 수사본에 수집된 성인의 글 모음 혹은 그 모음에 대한 사본은 적어도 레오 형제가 직접 쓴 것으로 보인다."[4] 프란치스코의 글을 모으려 한 시기는 1244년[5]에서 1247년 사이로 볼 수 있는데, 이 시기는 토마스 첼라노의 소위 제2생애인 『간절한 마음의 비망록』이 나

---

3 역자 주: 11개의 목록은 다음과 같다. 「인준받은 수도규칙」, 「유언」, 「권고들」, 「신자들에게 보낸 편지 2」, 「형제회에 보낸 편지」, 「성직자들에게 보낸 편지」, 「덕들에게 바치는 인사」, 「태양 형제의 노래」, 「시간경마다 바치는 찬미」, 「주님의 수난 성무일도」, 「은수처를 위한 규칙」.
4 같은 책, 331쪽.
5 1244년 수도회의 총봉사자 예시의 크레센시오는 제노바 총회를 통해 모든 형제에게 프란치스코에 대한 기억을 보내달라고 요청하였다. 이후 그는 수집된 자료로 프란치스코에 관한 두 번째 성인전을 집필하도록 토마스 첼라노 형제에게 임무를 의뢰하고 자료를 전달하였다.

온 때입니다. 그런데 레오 형제에겐 프란치스코의 생애에 대한 기억[6] 뿐만 아니라, 성인의 글이라는 소중한 자료도 모으고 싶었을 것으로 추측할 수 있기 때문입니다. 이 같은 가설은 338번 사본에 있는 프란치스코의 글 모음을 더 특별하게 만들고, 나아가 이 글들의 프란치스코 친저성親著性을 보장하게 합니다. 게다가 28개 「권고들」 앞에 적힌 루브리카는 이 본문이 탄생한 배경을 추측하는 데 매우 유용한 역사적 가치를 제공합니다.

루브리카에서 우선 주목할 점은 「권고들」에 대한 사부 성 프란치스코의 친저성입니다. 한 설교자회(도미니칸) 형제는 프란치스코를 저자로 언급하지 않은 채, 1231년 7월 13일 자 자신의 설교 원고에 「권고」 6번의 끝부분을 인용합니다. 그러나 레오 형제의 수사본은 「권고들」 본문이 독립적인 본문으로 함께 퍼져나갔을 뿐만 아니라, 이것이 프란치스코의 글이라는 점도 알려줍니다. 앞으로 살펴보겠지만 프란치스코 친저성에 대한 의심은 내용을 분석할 때 완전히 사라질 것입니다. 아씨시 성인의 전형적인 언어가 그 내용에서 모두 발견되기 때문입니다. 더불어 일종의 해석학적 순환이 발생합니다. 곧 어떤 본문은 프란치스코의 「권고들」에 기원이 있음을 확인할 수 있으며, 「권고들」은 다른 본문들을 조명하

---

6   레오 형제는 프란치스코의 다른 두 동료인 루피노, 안젤로와 함께 1246년 그레치오에서 총봉사자에게 편지를 보내며, 자신들의 기억을 전달한다.

여 그 안에 암시된 내용을 파악하게 도와줍니다.

    루브리카가 주는 두 번째 정보는 역사적 맥락에 관한 질문을 던지기 때문에 중요합니다. 우리는 프란치스코가 자신의 모든 형제에게 권고하는 말씀을 마주합니다. 그렇다면 이것이 언제, 어디에서 건넨 권고일까요? 한 가지 역사적 정보는 이 두 질문에 답할 수 있는 일반적인 가설을 제시하게 합니다. 『연대기』의 작가 쟈노의 죠르다노Giordano da Giano 형제는 독일 관구의 설립에 관한 1221년 5월 23일 자 포르치운쿨라 총회에 대해서 자세히 기록합니다. 이 총회에서는 독일 형제 스피라의 체사리오Cesario da Spira를 중심으로 40명의 선교단을 조직하였고, 그들을 독일로 파견하여 작은 형제들의 삶을 확장하고자 합니다.[7] 연대기 작가는 이 총회에서 복되신 프란치스코가 "총회의 주제를 시편 말씀, 곧 ≪내 주 하느님은 찬미 받으소서. 그분은 전투에서 내 손 익게 하오시니≫를 택하여 형제들에게 설교하고 덕행을 가르치며 인내할 것을 권하면서, 형제들이 세상에 좋은 모범을 보여주라고 권고했다"[8]고 전합니다. 이처럼 프란치스코는 총회에서 성경 본문으로 시작하는 말씀으로 형제들에게 권고하고 있습니다. 죠르다노 형제가 전해준 작은 정보는 실제 성경 인용으로 시작하는 일부 「권고들」

---

7   참고: 쟈노의 죠르다노, 「연대기」, 17-19.
8   「연대기」, 16.

내용의 측면에서나, 프란치스코가 "모든 형제에게 주신 권고"라는 점을 강조하는 338번 사본의 루브리카 문구와도 역사적 맥락에서 일치합니다. 또한 프랑스의 주교 비트리의 야고보Giacomo da Vitry의 증언에 따르자면, 1216년부터 이미 형제들은 매년 총회에서 모였다는 것을 알 수 있습니다. "이 수도회의 남자들은 1년에 한 번 정해진 곳에 모여 주님 안에서 기뻐하며 함께 음식을 먹는데, 이러한 모임은 그들에게 매우 유익합니다. 이때 전문가들의 도움을 받아 거룩한 법규를 작성하고 공표하며, 인준받기 위해 교황 성하께 제출합니다."9 연례 모임이 1221년 「수도규칙」에 따라 의무화되는 것10을 생각한다면, 「권고들」의 다양한 본문은 성령강림 총회에서 성인이 모든 형제에게 말씀하신 권고의 결과이거나 그 요약이라고 추측할 수 있습니다.

이 시점에서 본문 기록의 기원에 관한 또 다른 중요한 질문이 제기됩니다. 누가 이 「권고들」을 모았으며, 언제 모았을까요? 질문은 여기에서 그치지 않습니다. 본문의 간결함을 고려한다면, 프란치스코가 분명히 더 장황한 형태로 말씀하신 내용이 현재의 본문으로 요약된 것은 아닌지 질문해야 합니다. 이 '구두 권고'와 '서면 권고' 사이의 전환에 관한 정보는 아쉽게도 전해지지 않

---

9   비트리의 야고보, 「1216년 10월 편지」, 11.
10   참고: 비인준 규칙 18장.

으며, 이러한 일이 어디에서 발생했는지도 알 수 없습니다. 아마도 성인 글의 대부분이 탄생하는 데 작용한 똑같은 과정이 이 본문에서도 행해졌을 가능성이 큽니다. 가령 「유언」은 프란치스코의 글 작성 과정에 대한 한 가지 분명한 정보를 전해주는데, 1209년 교황 인노첸시오 3세에게 청원한 「원-수도규칙」의 작성에 관해 이렇게 말합니다. "나는 그것을 몇 마디 말로 그리고 단순하게 기록하게 했고 교황님께서 나에게 확인해 주셨습니다."[11] 이 말씀은 두 가지 정보를 제공합니다. 프란치스코는 직접 글을 쓰는 사람이 아니었으며, 이 글쓰기는 짧고 간결하고 단순하다는 것입니다. 서기 형제를 동반한 같은 절차는 「참되고 완전한 기쁨」이라는 유명한 이야기에서도 나타납니다. 여기서 프란치스코는 참된 기쁨이 무엇인지 말하고자 레오 형제를 불러 글을 쓰게 합니다. "레오 형제, 기록하십시오."[12] 끝으로 「유언」이 작성된 상황을 전하는 전기 사료도 비슷한 정보를 제공하는데, 프란치스코가 "기록하게 했다"[13]고 합니다. 그러므로 「권고들」의 편집사와 관련하여 다음과 같은 일이 일어났다고 볼 수 있습니다. 곧 이 간결한 본문은 성

---

11 유언 15.
12 참 기쁨 1.
13 참고: 『아씨시 편집본』 77; 101. 유언 작성에 관한 역사적 과정에 대해서는 다음을 참고하라. P. Maranesi, *L'eredità di frate Francesco. Lettura storico-critica del Testamento*, Porziuncola, Assisi 2009, 31-43.

인이 연례 총회를 개최하면서 형제들에게 설교한 바를 어떤 형제가 기록한 메모로 생각할 수 있다는 것입니다. 이는 중세 시대에 잘 알려진 관행인 "강의록"(reportatione)[14]을 떠올리게 합니다. 곧 프란치스코의 동료 중 누군가가 성실한 학생처럼 거룩하신 사부님의 말씀을 기록하고자 했다는 것입니다.

　이러한 가설은 말씀한 것과 글로 쓰인 것 사이의 관계에 대한 다른 질문을 낳습니다. 곧 두 단계에는 연속성이 있을까요? 글로 쓰인 말씀은 프란치스코의 사상에 어느 정도 부합할까요? 이에 대한 명백한 답변은 불가능합니다. 하지만 두 가지 근거를 통해 말씀과 글 사이의 분명한 연속성이 있다고 가정할 수 있습니다. 그 첫 번째 근거는 앞서 언급한 대로, 이 짧은 본문이 사용하는 용어와 사상이 성인의 다른 작품과 확실하고도 분명히 일치한다는 점입니다. 이러한 주장은 본서를 전개하면서 확실해지겠으나, 현재로서는 프란치스코가 형제들에게 구두로 한 말과 기록된 글 사이의 본질적인 연속성을 보증하는 전제로 받아들일 수 있을 것입니다. 카를로 파올라치Carlo Paolazzi가 본문 분석을 통해 제안한 바를 두 번째 근거로 볼 수 있습니다. 파올라치는 프란치스코가 형제들이 받아 적은 본문을 직접 검토했다고 가정합니다. 그래서

14　역자 주: 설교 혹은 강의를 듣는 청중(학생)이 자발적으로 그 말씀 내용을 기록하고 정리하는 것을 말한다. (참고: 박장원, 「성 보나벤뚜라의 생애와 신학사상」, 『프란치스칸 삶과 사상』 1992년 1호, 76쪽.)

파올라치는 프란치스코를 "확고한 사상의 명료함과 이를 표현하는 형식에 대한 엄격한 통제력을 겸비한 작가"[15]라고 결론을 짓습니다. 프란치스코의 글에 대한 또 다른 위대한 학자의 말은 여기에 확신을 더합니다. "프란치스코가 글쓰기를 활용하는 것은 결코 우연이 아니다. 글쓰기는 성인의 그리스도교적 삶의 제안에 관하여 독특하면서도 일관성 있는 역할을 한다. 심지어 그는 단어의 종교적 의미와 그 무서울 정도의 분명함을 인식하고 있다."[16] 비록 본문에 대한 프란치스코의 검토가 어떻게 이루어졌는지 정확히 알 수는 없지만, 「권고들」이 프란치스코의 사상을 충실히 해석하고 있는 것은 분명합니다.

「권고들」의 주체 곧 저자 프란치스코와 역사적 맥락에 대한 설명에 이어, 338번 사본의 루브리카는 본문 수신자에 관한 중요한 정보도 제공합니다. 곧 "모든 형제에게"(ad omnes fratres)입니다. 앞서 쟈노의 죠르다노의 이야기에서 살펴본 것처럼, 프란치스코는 직면해야 할 문제를 함께 논의하기에 앞서 총회에 참석한 모든 사람에게 복음적 삶의 양식을 권고하는 성경 본문을 제시할 필요성을 느낍니다. 오직 이러한 정체성의 지평에서 출발해야

---

15 C. Paolazzi, *Gli scritti tra Francesco e I suoi scrivani : un nodo da sciogliere*, in *Studi sugli scritti di frate Francesco*, Grottaferrata 2006, 99.
16 A. Bartoli Langeli, *Gli scritti da Francesco. L'autografia di un "illetteratus"*, in *Frate Francesco d'Assisi*. Atti del XXI SISF, Spoleto 1994, 158.

만 형제들은 특정한 문제를 함께 해결해 나갈 수 있습니다. 28개의 짧은 「권고들」을 특징짓는 일반적인 내용을 넘어서는 가장 흥미로운 측면이 있다면, 프란치스코 자신이 인식하던 형제들을 위한 양성 봉사에 관한 의지입니다. 프란치스코는 동료들의 삶의 선택에 대해서 자기 주도적이고 개인적인 방식으로 결정한 지도자가 아니었습니다. 이러한 결정은 오늘날로 말하자면 공동체적인 양식 안에서 민주적인 방식으로 총회가 개최되어야 함을 의미합니다.[17] 그래서 오히려 프란치스코는 형제들에게 "주님의 영과 그 거룩한 활동"[18]을 상기시키며, 작은 자로서 그들의 정체성으로 되돌아오고 이를 떠올릴 수 있는 교육의 영역을 자기 몫으로 남겨둔 것으로 보입니다. 이러한 전망에서 출발해야만 앞서 언급한 비트리의 야고보 주교의 아름다운 표현처럼, 모든 사람이 함께 "거룩한 법규를 작성하고 공표"할 수 있었을 것입니다.

---

17 이와 관련하여 「어느 봉사자에게 보낸 편지」를 참고할 수 있다. 이 편지에서 연례 총회에서 이루어지는 입법 절차 방식의 한 단면을 볼 수 있다. 프란치스코는 '형제들의 죄'라는 심각한 문제를 다루고 해결하기 위한 법규 제정을 계획하고 있다. 그리고 법규 제안에 앞서, 성인은 익명의 형제에게 다음과 같이 말한다. "대죄에 관하여 말하는 수도규칙의 모든 장을 우리는 성령강림 총회에서 주님의 도우심과 형제들의 조언을 받아 이렇게 한 장으로 만들겠습니다."(봉사자 편지 13) 따라서 프란치스코는 이 본문을 총회에 제출하여, 형제들의 조언을 받으며 함께 토의하고 승인해줄 것을 제안했을 것이다. 하지만 수도규칙의 최종 본문은 프란치스코가 기대한 바와 일치하지 않음(참고: 인준 규칙 7장)을 알 수 있는데, 이는 설립자가 제안한 바도 바뀔 수 있다는 참된 토론의 증거이다.
18 인준 규칙 10,8.

가능한 구조

그러므로 「권고들」이 작은 형제의 삶을 규정하는 법률적 본문이 아닌 양성 도구라고 한다면, 우리는 프란치스코가 이 짧은 본문 구절들을 통해 자기 형제들에게 행사한 교육 행위의 특성과 방향이 무엇이었는지 질문할 필요가 있습니다. 이 중요하고도 도전적인 질문에 대한 답은 본문의 구조에서부터 추적할 수 있다고 생각합니다. 그런데 「권고들」의 구조를 나누는 가설은 실제로 심각한 문제로 이어지는데, 이는 사실상 28개 본문에서 연속적으로 발전하는 어떤 흐름을 식별할 수 있는가에 관한 것입니다. 본문 구조에 관한 수많은 가설이 있었습니다만, 그 어느 것도 유일하다거나 확실하다고 말할 수 있는 건 없었습니다. 제 생각으로는, 「권고들」의 내용에서 시작하여 그 내적이고 논리적인 발전 구조를 확립하기란 불가능하다고 여겨집니다. 실제로 자주 상기시키면서 반복되는 주제가 있긴 하지만, 이를 분명하게 구조화할 수 있는 가설은 제시되지 못했습니다.

본문의 의도와 언어 사용 빈도를 살펴보면, 다양한 주제를 찾을 수 있습니다. 자기 자신을 자랑하기 위하여 선을 소유하는 것(권고 2; 5; 12; 17), 타인에게 자기 영적인 선을 드러내려는 욕망(권고 21; 28), 인내, 겸손 혹은 반대로 분노나 흥분에 관한 것(권고 13;

14; 19; 22; 23) 등입니다. 이런 주제에 더하여 개별 「권고」 본문이 다루고자 하는 특별한 주제도 있습니다. 장상직을 소유하지 말 것 (권고 4), 주님을 따름(권고 6), 행동이 뒤따르지 않는 지식(권고 7), 시기(권고 8), 원수 사랑(권고 9), 육신의 제어(권고 10), 타인의 죄(권고 11), 주님 안에서 평화(권고 15), 마음의 깨끗함(권고 16), 이웃에 대한 동정심(권고 18), 행복한 수도자와 헛된 수도자(권고 20), 참된 사랑(권고 24-25), 성직자에 대한 사랑(권고 26). 이처럼 모든 본문은 서로 연결되어 있지 않음을 주목할 수 있는데, 이 28개의 「권고들」 안에서 내용 전개의 논리나 구조를 엿보는 것은 불가능해 보입니다. 유일하게 특별한 위치를 차지하는 것으로 보이는 「권고」는 1번입니다. 이는 성체성사의 신비를 다루면서도 전체 모음집의 총체적 기준으로 제시되고 있습니다. 나중에 언급하겠지만, 프란치스코는 「권고」 1번에서 작은 자의 정체성의 모범으로 성체성사의 신비를 상기합니다.

또 다른 특별한 본문은 「권고」 27번입니다. 「권고」 27번은 각 절에 한 쌍의 덕과 한 쌍의 악습이 중심이 되는 내용을 구성합니다. 「권고」 27번이 마지막이 아니라 마지막에서 두 번째 본문이기 때문에 수사본 전승에서 본문이 겪은 변화를 추측하게 합니다. 이 본문은 「권고」 1번과 마찬가지로 형식과 내용의 특수함을 고려한다면, 전체 「권고들」의 마무리로 보입니다. 우리는 27번 본문을 전체 「권고들」 내용의 종합으로 보면서, 그 위치를 마지막으로 옮겨 원래의 위치를 복원하고자 합니다. 저는 그 외 「권고들」 본문의 정확한 주제의 질서나 순서를 식별하려는 시도는 포기해야 한다고 봅니다. 「권고들」의 신학적 종합으로 성체성사에 대한 성찰로 시작하여(권고 1), 덕과 악습이 대비되며 끝을 맺는(권고 27) 「권고들」의 나머지 스물여섯 개의 본문은 다양한 주제의 지혜로운 내용을 담고 있습니다. 이는 형제들이 작은 자로서 자신의 정체성을 더 잘 인식할 수 있도록 돕고자 만들어진 것입니다.

한편 조심스럽게 본문의 구조와 관련된 이전 가설을 발전시키는 하나의 방법을 제안합니다. 이 시도는 본문에서 발견되는 두 가지 단서에서 시작됩니다. 이 증거에 따라서 본문은 크게 두 부분, 「권고」 1-9와 「권고」 10-28로 나눌 수 있을뿐더러, 각 「권고」를 배치하고 이해하는 내적 배경으로 프란치스코가 교육적으로 제안하는 두 가지 일반적 주제를 파악할 수 있게 합니다.

처음의 아홉 개 본문은 주로 다음의 문구로 시작합니다. "주님께서 말씀하십니다.", "사도가 말합니다." 이러한 구절 다음에는 항상 성경 인용이 따르면서 본문을 시작합니다. 「권고」 5번과 6번은 성경 인용이 없어 그 흐름을 잠시 중단하지만, 「권고」 9번까지 이런 구조가 반복되는 것은 결코 우연이 아닙니다. 두 번째 단서는 「권고」 10번에서부터 마지막 본문까지 나타납니다. 이는 프란치스코가 자기 형제를 부를 때 사용하는 "종"이라는 용어의 의도적이고 전략적인 사용입니다. 「권고」 10번에서 이 용어는 자기 주인의 재산을 관리하도록 부르심 받은 종의 비유인 마태오 24장 46절을 인용하는데, "그런 종은 복됩니다"라는 말로 칭찬을 받습니다. 이 복음 구절은 「권고」 17번과 19번에서 다시 등장합니다. 이후로 "종"이라는 표현은 흥미롭고 다양한 쓰임새를 보여줍니다. 가령 「권고」 11-13번에서 이 용어는 "하느님의 종"으로 표현되면서 더 넓은 의미로 사용됩니다. 이어지는 세 개의 「권고」 14-16번은 마태오 복음의 "참 행복 선언"으로 본문이 시작되는데, "종"이라는 용어는 사라지고 "복되다"라는 말이 다시 등장합니다. "~한 종은 복됩니다"라는 표현에서 두 용어(종, 복되다) 사이의 직접적인 관계는 「권고」 18번에서 "~한 사람은 복됩니다"와 「권고」 20번에서 "~한 수도자는 복됩니다"를 제외하면, 「권고」 17번에서 시작하여 마지막 본문까지 분명하게 나타납니다.

요약하면 28개의 「권고들」은 두 부분으로 나눌 수 있습니다. "주님께서 말씀하신다"라는 표현과 성경 본문으로 시작하는 「권고」 1-9번이 한 부분이고, "~한 종은 복됩니다"의 내용인 「권고」 10-28번이 다른 한 부분입니다. 본문 내부에서 울려 퍼지는 두 가지 반복 문구는 「권고들」의 최소한의 내적 구조를 허용하는 역할을 합니다. 덧붙여서 저는 이것이 모든 「권고들」을 관통하고 엮어주는 두 개의 핵심 주제가 된다고 보는데, 이는 프란치스코가 자기 형제들에게 제안하고 상기시킨 그리스도교적 전망의 두 가지 근본 주제를 드러내 주기 때문입니다.

일반적인 내용

첫 아홉 개의 「권고들」은 "주님께서 말씀하십니다"라는 표현으로 시작하며, 이어서 주님 말씀인 성경 본문을 인용합니다. 이는 프란치스코의 형제적 삶이 시작될 때 그가 지니게 된 하느님 계시에 관한 직관적인 영감이 어떻게 적용되는지를 보여줍니다. "주님께서 나에게 몇몇 형제들을 주신 후 내가 해야 할 일을 아무도 나에게 보여주지 않았지만, 지극히 높으신 분께서 친히 나에게 거룩한 복음의 양식에 따라 살아야 할 것을 계시하셨습니다."(유언 14) 그리스도를 통해 드러난 하느님의 말씀은 형제들이 받아들인 생활 양식의 기준이 됩니다. 프란치스코는 초기 동료와 함께 복음을 통해 그 실존적 법칙의 원리를 받아들였습니다. 따라서 형제들을 위한 프란치스코의 교육적 제안인 「권고들」 시작에 복음 구절을 인용한 것은 이러한 직관이 어떻게 적용되는지를 보여줍니다. 곧 삶의 여정에서 방향을 찾고 그 내적 지평을 갖기 위해서는 언제나 복음이 출발점이 되어야 한다는 것입니다. 복음의 예수라는 본보기는 형제들의 개인 혹은 공동체의 삶에 어떠한 양식을 줬는지 깨닫기 위한 기준입니다. 따라서 「권고들」은 프란치스코가 연례 총회에서 형제들과 마주하며, 이들과 함께 무엇을 할 것인지 파악하려고 한 그 노력에 관한 말씀으로서, 예수님의 복음을 통해 식별한 절대적 모범에 관한 지혜로운 말씀입니다.

이러한 모범에 관한 요약은 「권고들」의 두 번째 부분에서 반복하는 "~한 종은 복됩니다"(beato il servo che ~)라는 표현이라고 볼 수 있습니다. 이 복음적 제안은 인간학적 제안으로 변화됩니다. 곧 복음에서 탄생한 인간은 사랑 때문에 작은 형제가 되기를 바라는 종이라는 것입니다. 「권고들」 10-28번에서 반복되는 이 표현의 종합적인 역할에 관해 저는 몇 년 전에 광범위하게 연구한 적이 있습니다.[19] 이 연구를 기반으로 저는 프란치스코가 형제들에게 설교할 때 사용한 이 의도적 표현의 세 가지 요소를 떠올릴 수 있다고 생각합니다. 첫 번째 요소는 인간의 근본적인 부르심인 "행복"(복되어라: beato)에 있습니다. 곧 모든 인간이 마음 안에 품고 있는 의미, 행복에 관한 본질적 열망을 실현하는 게 첫 번째 요소입니다. 사실 이것이 「권고들」의 가장 중요한 목적입니다.

---

19 P. Maranesi, *Beato il servo che... Il linguaggio sapienziale di Francesco di Assisi nella Ammonizioni Hagiologia. Studi per Réginald Grégoire*, a cura di A. Bartolomei Romagnoli, U. Paoli, P. Piatti, vol. I (Bibliotheca Montisfani, 31), Monastero San Silvestro Abate, Fabriano 2012, 431-462. 해당 소논문은 2014년 *Il linguaggio sapienziale di Francesco di Assisi nella Ammonizioni*라는 제목으로, 단독으로 다시 게재되었다. 또한 같은 글이 다음의 책에 포함되어 있다. *Beato il servo che... Intorno alle Ammonizioni di frate Francesco*, (Tau 18) Biblioteca Francescana, Milano 2014, 7-51 (Massimo Reschiglian과 공동 집필한 것으로, 그의 연구는 다음과 같다. *La sapienza dei poveri nelle Ammonizioni di frate Francesco*, 53-116). 이 책의 전체 제목은 저의 제안으로 이 소논문의 제목을 취한 것이다.

곧 예수님께서 선포하신 기쁜 소식에 따라 복음이 모든 인간에게 약속한 바를 실현하도록 형제들을 돕는 것입니다.

"행복"이 마음의 본질적 열망을 차지한다 해도 그것을 어떻게 실현하는가는 분명하지 않습니다. 진정한 질문은 '무엇을' 열망하느냐가 아니라 '어떻게' 그것을 달성하느냐의 문제이며, 생명으로 인도하는 그 길이 무엇인지에 관한 것입니다. 그 계획이 바로 두 번째 요소인 "종"(servo)으로 요약됩니다. 생명으로 인도하는 길은 섬김의 자리를 지나가야 하며, 권력과 힘의 자리를 조심스레 피해 가야 합니다. 후자는 높고 낮은 관계, 지배하고 지배당하는 관계에 기반하는 삶을 살아가는 이들에게 분열과 폭력을 가져다줍니다. 이는 "악마"(dia-bolo)[20]의 논리, 곧 분열과 살인을 위해 대립하는 자의 논리에 이끌리는 것입니다. 하지만 다른 영역은 생명을 가져다줍니다. 여기서 관계는 상호 섬김에 기초하고 다름을 존중하며, 형제가 되는 게 가능하다고 선언함으로써 순환의 관계를 만듭니다. 곧 존중과 섬김이 지배하도록 대립의 구도를 깨부숩니다.

하지만 「권고들」의 핵심은 위의 두 가지 요소가 아니라 "~한

---

20 역자 주: 악마를 뜻하는 diabolo라는 말은 그리스어에서 유래하였다. 이 말은 "dia"(~을 통해서, ~을 가로질러)라는 전치사와 "ballo"(던지다, 흩어버리다)라는 동사의 합성어에서 파생된 것으로, "분리하는 자", "흩어버리는 자"라는 의미를 지닌다. 그래서 저자가 악마라는 말을 의도적으로 사용할 때 "분열하다, 가른다"라는 의미를 내포한다.

종은 복됩니다"(beato il servo che ~)에서 "~한"(che ~)이 수식하는 세 번째 요소입니다. 프란치스코에게 복됨(행복)과 종이라는 두 요소는 아주 당연한 것으로서, 그가 이야기하는 대상인 형제들이 아무 문제 없이 받아들일 수 있는 일반적인 가치라고 말할 수 있습니다. 그는 이렇게 말하는 듯합니다. "우리 작은 형제는 예수님께서 사셨던 것처럼 종의 길을 선택하길 바랍니다. 그렇게 될 때 우리 안에 새 인간으로서 그분의 생명이 피어날 것입니다." 프란치스코는 「권고들」에서 형제들이 "행복"(복됨)을 위해 "하느님의 종이 되라"고 제안할 필요가 없었습니다. 오히려 가장 중요하고도 예민한 문제는 형제들이 작은 자의 삶을 받아들이면서 갖게 된 정체성을 검증하는 문제라고 생각합니다. 따라서 이 짧은 본문을 관통하는 근본 질문은 다음과 같습니다. "작은 형제라는 종의 길을 선택한 여러분은 내면의 심오한 진실에 부합하고 있습니까? 이 삶을 살기로 한 약속과 실제 살아가는 방식 사이에는 연속성이 있습니까? 아니면 조화를 이루지 못합니까?" 사실 「권고들」은 프란치스코가 형제들의 외적인 삶과 내적인 삶 사이의 조화 혹은 부조화의 관계를 확인하고자, 이를 검증하기 위한 다양한 도구로 이해할 수 있습니다. 여러 영역을 다루면서 다른 분위기로 표현되어도, 그 근본 질문 방식은 언제나 같습니다. 형제들이 삶에서 소유하고 성취한 선善에 만족하든, 형제들이 겪은 실패에 만족하지 않든, 그때 형제들의 마음과 내면에서 일어나는 감정에 귀를 기울이라는 것입니다. 과연 그러한 감정이 겸손하고 인내심 있는 종에게서 나오는 것인지, 아니면 자기의 선을 자랑하거나 자기 실패에 분노하는 '소유자'(주인)의 태도에서 나오는 것인지에 관한 질문입니다.

구체적인 실존에서 시작하여 자신의 진실이 무엇인지 분석하는 이 방법은 실제로 형제들에게 타인과의 관계를 살펴보라고 요구합니다. 형제들은 오직 여기, 곧 관계에서만 자기 자신을 발견할 수 있습니다. 그가 형제라 부르며 자신의 삶을 나누는 타인과의 관계는 비록 자신이 바라는 만큼 완벽하지 않을 수 있어도, 자신에 대한 심오한 진실에 도달하고 자신과 하느님 앞에서 진실할 수 있는 아주 유익한 교훈을 얻을 수 있습니다. 사실 형제들의 소명은 하느님의 종이 되는 것이지만, 역사의 주인이며 우리가 쉽게 그분의 종이라고 고백하는 주님께 대한 궁극적인 선언은 오직 타인과의 관계를 통해 그 실존을 강력히 실현할 수 있을 때만 얻을 수 있습니다. 비록 형제들과 타인과의 관계에서는 단편적이고 불확실하게 경험할 수밖에 없지만, 그 경험은 깊은 내면에서 우러나오기 때문에 아주 유익한 양식이 됩니다. 요약하자면 이후 본문 해설에서 보겠지만, 프란치스코에게 작은 형제의 삶은 "나-하느님-타인"이라는 근본적 삼각관계 안에서 이루어집니다. 하느님 앞에서 자신의 정체성은 타인과의 관계에서 발견됩니다. 작은 형제의 눈앞에 드러난 타인은 사랑 때문에 종이 되신 예수 그리스도에게서 받아들여지고 섬김을 받기 때문입니다.

이런 의미에서 프란치스코가 「권고들」에서 반복해서 사용하는 상업적인 비유는 매우 흥미롭습니다.[21] 그는 칼과 갑옷, 전쟁과 전투, 승리와 패배 등의 기사도 문학 이미지와 관련한 언급[22]은 피하지만, 아버지의 가게에서 배웠을 상인의 용어는 사용합니다. 삶이란 인간이 자기 형제와 관계를 맺으면서 하느님과 성사 해야만 하는 거래입니다. 그런데 이것이 좋은 거래가 되려면, 인간은 자기 재화의 소유자(주인)가 됨을 포기하고 종이 되라는 복음

---

21 저자의 또 다른 연구를 참고할 수 있다. *Il gioco delle metafore. L'influsso di genere nelle ammonizioni di Francesco e nelle lettere di Chiara*, in *Maschile e femminile, vita consacrata, francescanesimo. Scritti per l'VIII centenario dell'Ordine di Santa Chiara (1212-2012)*, a cura di Paolo Martinelli, (Teologia spirituale, 27), EDB, Bologna 2012, 403-446. 이 소논문은 최근에 다음의 제목을 단 소책자로 출판되었다. *Il mercante e la sposa. Il linguaggio delle metafore in Francesco e Chiara d'Assisi* (Sguardi), EDB, Bologna 2014.

22 이러한 언어는 토마스 첼라노부터 보나벤투라까지 프란치스코의 초기 전기들에서 그의 이야기를 해석하는 데 사용된 것이다. 가령 무기에 관한 꿈에서 시작하여, 그리스도의 군사(miles Christi)로 임명된 프란치스코는 산 다미아노의 십자가 앞에서 온 교회를 위한 사명에 부름을 받는다. 그리고 그가 "가장 용맹한 군사"(strenuissime miles)라는 것을, 곧 "무적인 사령관의 무기로 훌륭히 무장하여 모든 적을 물리칠 것"을 확실히 보증하는 오상이라는 증거로 마무리가 된다. 이것은 보나벤투라의 대전기에서 오상이라는 주제인 13장 그리고 그 마지막 부분인 9번 이야기를 인용한 것인데, 프란치스코가 그리스도교적 여정에서 성취한 정체성에 관하여 작가가 기사도적인 비유를 사용하고 있음을 알 수 있다. 분명 이러한 시각은 1228년 프란치스코를 시성하면서 공표한 그레고리오 9세의 칙서 Mira circa nos의 영향을 받은 것으로 보인다. 이곳에서 프란치스코는 "새로운 삼손"으로서, 교회를 반대하는 수많은 블레셋 사람을 물리친 자로 정의된다. (참고: P. Maranesi, *La conversione di Francesco : racconti di una (doppia) identità*, in *Vita minorum* 79 [2008] 75-87.)

의 부르심을 받아야 합니다. 곧 주님의 이름으로 타인을 위해 재화를 관리하는 사람이 되라는 것입니다.

하느님은 인간에게 많은 선물을 주셨을 뿐만 아니라, 타인에게 좋은 일을 할 수 있게 하셨습니다. 받은 것과 생산한 것이 존재하는 이 선의 장터에서 프란치스코에게 절대적으로 중요한 것은 소유하지 않음입니다. 종으로 머무는 인간은 선을 자기를 높이거나 자랑하는 수단으로 삼지 말아야 하며, 형제들을 향한 참된 무상성을 통해 하느님께 그 선을 돌려드려야 합니다. 이것이 하느님께서 그리스도 안에서 우리와 하신 거래이며, 우리는 타인과 함께 이를 지속하도록 부르심을 받았습니다. 오직 이러한 태도만이 이 선을 거짓된 재화나 저주받은 보물로 변질되지 않게 합니다. 하느님께서 자신에게 맡기신 선을 관리하는 하늘나라의 상인을 타인에게 무상으로 베푼 것보다 백배나 더 부유하게 만드는 유일한 거래란 바로 이러한 것입니다.

이러한 맥락에서「권고들」을 읽을 때 매우 놀라운 사실 하나를 발견합니다. 그것은 물질의 가난에 관한 주제가 등장하지 않는다는 점입니다. 물질의 가난은 역사적으로 프란치스코와 그의 초기 공동체의 체험을 가장 특징적으로 드러내는 요소이지만, 이를 연상시키는 말은「권고들」에서 단 한 번 등장합니다. 심지어 이 한 번마저도 경제적인 가난을 선택하라는 것이 아니라, 어떤 사람이 죄에 빠졌을지라도 형제들은 타인에 대한 어떠한 권리나 권력도 내려놓으라는 것과 연관되어 있습니다. "어떤 일로 말미암아 분개하거나 흥분하지 않는 하느님의 종이 진정 소유 없이(sine proprio) 사는 사람입니다."(권고 11,3) 사실 참된 영의 가난은 모든 물질의 가난에 선행합니다. 이는 물질의 가난에 의미를 부여하고 진실성을 드러내기 위한 유일한 전제라고 할 수 있습니다. 하느님의 종을 풍요롭게 하는 가난이란 하느님께 받은 선을 나눔으로써 타인을 위한 봉사와 섬김에 온전히 사용하되 아무런 대가를 바라지 않는 것입니다. 이런 무상성의 영이 빠진 다른 가난, 곧 타인에 대한 권력과 지배욕에 물들지 않고서는 결코 기쁨을 나눌 수 없는 가난은 자기 자랑과 자기 영광으로 가득 찬 가난일 뿐입니다.

마지막으로 언급하고 싶은 것은 「권고들」의 경험적 기원에 관한 것입니다. 프란치스코가 형제들의 양성을 돕고자 권고한 이 지혜로운 말씀은 영적이거나 철학적인 성격의 추상적 개념과 이론의 결과물이 아니라는 점입니다. 「권고들」에서 성인이 형제들에게 전한 복음적이고 지혜로운 제안은 분명 프란치스코 개인이 걸었던 여정의 결실이라고 할 수 있습니다. 곧 이 말씀들은 그가 나병 환자 가운데 머물며 체험한 자비와 "거룩한 십자가로 세상을 구속하신"(참조: 유언 1-5) 분의 얼굴에서 탄생합니다. 프란치스코는 복음을 통해 자기 삶은 하느님의 종이 되는 것, 즉 권력에서 자유롭고 무상성 안에서 단순한 작은 형제가 되는 것임을 깨달았습니다. 이것이 "회개를 시작하도록 해 주셨다"(유언 1)의 의미이며, 이전과는 반대되는 삶의 논리를 받아들였음을 뜻합니다. 그러나 현실적이고 구체적인 사건은 그에게 이 회개의 여정이 얼마나 어려운지 깨닫게 합니다. 그의 형제 공동체는 놀라운 성공을 거두지만, 소유(자기 것으로 함)와 칭찬(영광을 받고자 함)이 동반하는 위험을 안게 되었습니다. 또한 점차 제도화되고 조직화되는 수도회로 변하면서 형제 공동체의 정체성을 선택하는 데서 프란치스코와 새로운 세대가 품은 요청 사이에 긴장을 일으켰습니다. 실제로 이러한 현실이 프란치스코 스스로 자기 역사 속에서 하느님 신비에 끊임없이 귀를 기울이도록 이끌었습니다. 이러한 과정의 요약을 「참되고 완전한 기쁨」이라는 자전적인 비유에서 만날 수 있습니다. 여기에서 성인은 수도회의 성공과는 모순되는 비극적인 어느 밤을 이야기하는데, 이는 프란치스코가 당시 겪었던 관계의 어려움에 관한 비유입니다.

    요컨대 모순과 실패가 있는 그의 삶은 언제나 한 쌍의 "순종"(ob-auditum, 어원적으로 순종은 "~앞에서 경청하다"는 의미)이 성취되도록 그를 이끌었습니다. 하나는 사랑 때문에 십자가에 못 박히신 종이신 예수님께서 보여주신 그리스도교적 제안을 겸손하고 주의 깊게 경청하는 것입니다. 다른 하나는 자기 마음 깊은 곳에 현존하는 진실을 용기 있고 정직하게 경청하는 것입니다. 이 두 가지 모두 실존적 기쁨 혹은 고통의 사건, 또는 형제적 기쁨 혹은 고통의 사건 속에서 이루어졌습니다. 훌륭한 사목적 성과와 더불어 관계에서 힘겨운 노고로 이루어진 그의 폭넓은 인생 여정은 바로 그 자신에게 구체적인 훈련의 장이었습니다. 그리고 이 안에서 그는 형제들의 양성을 돕기 위해 「권고들」을 만들어냅니다. 이를 통해 하느님께서 그에게 계시하신 작은 자의 삶에 대한 전망이 중재되는 것입니다.

이제 우리는 왜 프란치스코가 총회에 앞서 자기 형제들에게 거룩한 권고의 말씀을 전할 필요성을 느꼈는지 이해할 수 있습니다. 프란치스코는 작은 형제 정체성의 지평을 제시함으로써, 그 안에서 진실한 관계적 자유의 공간으로 향하게 하는 감각을 매번 재발견하게 합니다. 그럼으로써 그는 형제들과 함께 자신들의 삶을 위한 거룩한 규정을 만들어갈 수 있었던 것입니다.

방법론 제안

앞서 언급한 바와 같이 저는 여러 차례 「권고들」을 연구할 기회가 있었고, 본문의 "단면 분석"(cross-sectional analysis)을 통해서 그 중요성을 확인하며 아씨시 성인에 관한 인간적이고 그리스도교적인 시각의 핵심을 추적하였습니다. 하지만 작품 전체를 체계적으로 해설하는 것은 이번이 처음입니다. 이 작업을 시작하는 데는 약간 특별한 과정이 있었습니다. 몇 달 전 한 가톨릭 블로그 (www.buonanovella.info)에 주간마다 올릴 28개 본문에 관한 간략한 해설을 게재해달라는 요청이 그 계기였습니다. 이 제안이 제게도 반가웠기 때문에 저는 부분적인 수정작업을 거쳐 도서 형태로도 내용을 제공하기로 했습니다.

이 주제에 관해 참고한 문헌[23]은 상당히 풍부하고 다양한데, 그 가운데에서 본문 해설을 시도한 자료도 찾아볼 수 있었습니다. 제가 이 작업을 시작한 배경의 한계로 인해 과거의 다른 연구자들이 이미 제안한 내용을 체계적으로 비교 연구하려는 의도는

---

23 M. Conti, *Il genere letterario delle Ammonizioni di san Francesco*, in *Antonianum* 54 (1979) 10-39; C. Paolazzi, *Lettura degli "scritti" di Francesco di Assisi*, O.R., Milano 1992, 115-128; 각 본문의 해설을 위한 것으로는, K. Esser, *Le Ammonizioni di S. Francesco*, Cedis, Roma 1977; B,. Pennacchini, *Le beatitudini e le ammonizioni di S. Francesco*, in *Parola di Dio e Francesco d'Assisi*, Cittadella, Assisi 1982, 203-215; L. Del Fabbro, *Presentazione e commento. Le Ammonizioni di san Francesco*, LIEF, Vicenza 1992; S. Duranti, *Francesco ci parla. Commento alle Ammonizioni*, Porziuncola, Assisi 1995; D. Flood는 1995년부터 1998년까지 Vita minorum에 앞선 16개의 「권고들」에 관해 해설하였다; P. Messa – L. Profili, *Il Cantico della fraternità. Le Ammonizioni di frate Francesco d'Assisi*, Porziuncola, Assisi 2003; A. Ciceri, *Le Ammonizioni*, in *Le origini del francescanesimo negli Scritti di Francesco d'Assisi*, a cura dei Frati minori di Sicilia, Palermo 2007, 71-174; F. Uribe, *Per conoscere il Padre : l'Ammonizione di San Francesco d'Assisi*, in *Studi francescani* 105 (2008), 5-34; D. A. N. Nguyen, *La vera sapienza. Commenti-studi sulle Ammonizioni di san Francesco alla luce della tradizione sapienziale biblica*, Messaggero, Padova 2012.

없었습니다. 이전 연구의 흥미롭고 풍요로운 요소를 읽었더라면, 저의 가설도 첨가할 부분이나 더 분명하게 수정할 부분도 있음을 잘 압니다. 하지만 첫째로 제게 그러한 연구 출판이 허락되지 않았고, 둘째로 출판하기에는 시간이 너무 제한적이었습니다. 이러한 한계에 더해 또 다른 한계가 있었습니다. 이미 언급했듯이 본문 내적으로는 체계적으로 발전할 수 있는 논리가 없는 28개 개별 본문의 복합적 특성으로 인해, 비슷한 주제나 생각, 개념의 반복을 피할 수 있는 체계적인 해설을 하는 게 불가능하였습니다.

본 출판은 멀티미디어라는 배경과 프란치스코의 글을 대하는 저의 개인적 감수성의 영향으로, 두 가지 방법론적 기준으로 「권고들」에 접근하는 방식을 제안합니다. 첫째로 「권고들」이 선언하는 그 저변에 전제된 논리를 식별하고자 이 짤막한 본문들이 제안하는 구조적 역학에 관해 연구하였습니다. 이러한 시도는 근본적으로 실존적 접근법이라고 할 수 있는 둘째 단계로 넘어가는 전제가 됩니다. 둘째로 저는 프란치스코의 경험과 감수성을 추적하려는 열망으로 개별 본문을 해석했습니다. 따라서 이 방법론의 주요한 목표는 성인의 이야기에 다시 살과 피를 불어넣는 것입니다. 곧 프란치스코가 형제들에게 제안한 이 짤막하고 심오한 지혜의 글을 다시 경청하는 것입니다. 제 의도가 성공한다면 독자에게 진정한 해석학적 봉사를 제공한 것이리라 생각합니다. 사실 저는 어떤 예시나 제안을 통해서 본문을 현대화하거나 윤리적 해석을 내리는 것을 조심스럽게 피하였습니다. 제 해설의 목적은 프란치스코의 본문에서 출발하여 우리 삶에 대한 답을 찾아내는 것이 아닙니다. 저는 더욱 단순하게 프란치스코의 그리스도교적 인간성을, 곧 그가 삶을 느꼈던 방식과 형제들에게 제안하였던 그 방식을 다시 경청하는 것을 목표로 합니다. 비록 단순한 형태이지만 자신의 인간성을 28개의 「권고들」을 통해 매우 효과적이고 매력적으로 그리고 열성과 끈기로 형제들에게 전하려 한 이 작은 형제를 다시 만나고 싶었습니다.

「권고들」에서 선언한 내용을 확장하거나 검증할 때 성인의 다른 글과 비교하는 것은 매우 유용하였고, 이러한 본문을 해설에 채택하기도 하였습니다. 반대로 이 짧은 본문은 다른 작품에서 단순히 암시만 했던 내용을 명확하게 하기도 합니다. 따라서 「권고들」이 성인의 다른 글과 근본적으로 일치한다는 것을 보여주는 한편, 복음에 바탕을 둔 인간관계에 주의를 기울이는 이 자유로운 인간 정체성의 핵심을 본문이 어떻게 묘사하는지 보기 위해 프란치스코와 함께 그의 글을 읽었으면 합니다.

만일 제가 프란치스코 형제의 "거룩한 권고 말씀"에 다시 살과 피를 불어 넣어 그가 다시 설교한다고 한들, 이는 야심인 동시에 위험한 발상입니다. 프란치스코의 글은 체계적이지 않고, 제한적인 문헌이 허용할 수 있는 것보다 더 많거나 다른 말을 할 수 있는 위험이 있기 때문입니다. 그런데도 할 수만 있다면, 이 글이 독자들에게 좋은 성찰의 기회가 되길 바랍니다. 독자들은 프란치스코와의 만남을 통해 타인의 제안이나 그 적용에 의존하지 않고, 홀로 자기 실존으로 돌아올 수 있는 흥미로운 이유를 찾게 될 것입니다. 수 세기 전에 살았던 프란치스코의 지혜가 그와 전혀 다른 세계에 살고 있는 독자의 인생 여정에 어떠한 영향을 일으키는지 자문해 보십시오.

마음의 진실성을 통과해야 하는 참 행복에 대한 요구는 여전히 같으며, 권력에 대한 악마적 유혹에서 벗어나서 더욱더 자유로운 사람이 되고자 받아들인 복음의 길은 자기 삶에 의미 있는 답을 찾는 선의의 모든 사람에게 똑같이 유효한 제안이 될 것입니다. 그리고 이 제안은 우리의 시공간을 함께 공유하는 형제자매들에게 관대한 무상의 선물이 될 것입니다.

모든 형제여,
주의 깊게 바라봅시다!

권고 1

그리스도의 몸

¹ 주 예수님께서 당신 제자들에게 말씀하셨습니다. "나는 길이요 진리요 생명이다. 나를 통하지 않고서는 아무도 아버지께 갈 수 없다." ² "너희가 나를" 알게 되면 "내 아버지도" 알게 될 것이다. "이제부터 너희는 그분을 아는 것이고, 또 그분을 이미 본 것이다. ³ 필립보가 예수님께, '주님, 저희가 아버지를 뵙게 해 주십시오. 저희에게는 그것으로 충분하겠습니다' 하자, ⁴ 예수님께서 그에게 말씀하십니다. '필립보야, 내가 이토록 오랫동안 너희와 함께 지냈는데도, 너희는 나를 모른다는 말이냐? 나를 본 사람은 곧 내 아버지를 본 것이다.'"(요한 14,6-9) ⁵ 아버지는 "사람이 다 가갈 수 없는 빛 속에"(1티모 6,16) 사시고, "하느님은 영靈이시며"(요한 4,24), "아무도 하느님을 본 적이 없습니다."(요한 1,18) ⁶ 그러므로 "생명을 주는 것은 영이고 육肉은 아무 쓸모가 없기 때문에"(요한 6,63) 하느님은 영 안에서가 아니면 볼 수 없습니다. ⁷ 이와 같이 아드님도 아버지와 같은 분이시기에 아버지를 보는 방법과 다르

게 또한 성령을 보는 방법과 다르게는 아무도 아드님을 볼 수 없습니다. [8] 그래서 주 예수를 영과 신성으로 보지 않고, 인성으로만 보아 그분이 하느님의 참 아드님이시라는 것을 보지도 않았고 믿지도 않았던 모든 사람은 단죄받았습니다. [9] 이와 마찬가지로 주님의 말씀을 통하여 제대 위에서 사제의 손으로 빵과 포도주의 형상으로 축성되는 성사를 보면서, 영과 신성에 따라 이것이 참으로 우리 주 예수 그리스도의 지극히 거룩하신 몸과 피라는 것을 보지도 않고 믿지도 않는 모든 사람도 단죄받습니다. [10] 지극히 높으신 분께서 친히 이것을 증명해 주시며 말씀하십니다. "이는 내 몸이며 [많은 사람들을 위하여 흘리는] 새로운 계약의" 내 "피다."(마르 14,22.24) [11] 그리고 "내 살을 먹고 내 피를 마시는 사람은 영원한 생명을 얻을 것이다."(요한 6,54) [12] 그러므로 당신을 믿는 이들 안에서 머무르시는 주님의 영이 주님의 지극히 거룩하신 몸과 피를 받아 모시는 것입니다. [13] 바로 이 영을 지니지 않은 채 감히 주님을 받아 모시는 모든 사람은 "자신에 대한 심판을 먹고 마시는 것입니다."(1코린 11,29)

[14] 그러니 "사람의 아들들이여, 언제까지 굳은 마음을 가지렵니까?"(시편 4,3) [15] 왜 진리를 깨닫지 못하고 하느님의 아들을 믿지 않습니까?(참고: 요한 9,35) [16] 보십시오! 그분은 "어좌로부터"(지혜 18,15) 동정녀의 태중으로 오신 때와 같이 매일 당신 자신을 낮추십니다(참고: 필리 2,8). [17] 그분은 겸손한 모습으로 매일 우리에

게 오십니다. ¹⁸ 매일 사제의 손을 통하여 아버지의 품으로부터(참고: 요한 1,18) 제대 위에 내려오십니다. ¹⁹ 그리고 당신 자신을 참된 살로서 거룩한 사도들에게 보여주신 것과 마찬가지로 지금 축성된 빵으로 우리에게 당신 자신을 보여주십니다. ²⁰ 그리고 그들은 육신의 눈으로 그분의 육신만을 보았지만, 영신의 눈으로 관상하면서 그분이 하느님이심을 믿었습니다. ²¹ 이와 같이 우리들도 육신의 눈으로 빵과 포도주를 볼 때, 그것이 참되고 살아 있는 그분의 지극히 거룩하신 몸과 피라는 것을 보고 굳게 믿도록 합시다. ²² 이처럼 "보라, 내가 세상 끝 날까지 너희와 함께 있겠다"(마태 28,20) 하고 당신 자신이 말씀하신 대로 주님은 당신을 믿는 이들과 함께 항상 이렇게 계십니다.

첫 번째 「권고」는 다른 27개 「권고들」과 비교할 때 본문 분량이 많을 뿐 아니라 성체성사 신비에 초점을 맞춘 신학적 내용을 담고 있다는 점에서 중요한 예외라고 할 수 있습니다. 사실 「권고」 1번은 프란치스코가 형제들에게 성체성사의 표징을 통해 작은 형제의 생활 규범을 제시하면서 주님을 따르는 삶의 기준을 보여주는 내용입니다. 이어지는 「권고들」은 형제들이 이 계획에 따라 일치된 삶을 살고 있는지 점검하고, 돕기 위한 노력이라 할 수 있습니다.

프란치스코의 글에서 성체성사는 매우 중요한 위치를 차지합니다. 성인은 1215년 제4차 라테라노 공의회가 그리스도인의 성체 공경을 활성화하기 위해 제시한 사목 계획을 받아들였고, 이러한 선택을 통해 형제들에게 이 신비가 작은 형제의 정체성과 삶의 중심임을 상기시켰습니다. 따라서 사랑 때문에 우리에게 주어진 빵과 포도주를 통해 하느님께서 이루신 행위를 형제들에게 되새기게 하는 것은 필수입니다. 여기에서 우리는 그리스도인다운 삶을 살아가는 데 필요한 모든 것을 발견할 수 있습니다. 프란치스코는 이후의 「권고들」에서 이번 주제나 다른 신학적 문제로 돌아가지 않고, 형제들의 일상생활을 특징짓는 구조에 주의를 기울입니다. 이는 마치 프란치스코가 제대 위에서 신앙의 행위로 선포된 그 진리는 오직 형제들 내면의 움직임을 통해 드러나는 일상의 행위에서만 발견할 수 있다고 말하는 것 같습니다. 성체성사는 삶의 전반적인 방향을 제시하며, 이를 받아들이는 방식은 단순히 그리스도의 몸에 대한 감성적인 헌신에 있지 않습니다. 오히려 형제 관계에서 드러나는 성체성사적 삶의 방식을 통해 검증되어야 합니다. 따라서 이어지는 「권고들」은 우리를 위해 주어진 빵 안에서 매일 형제들 앞에 빛나는 이 신학적 계획의 구체적 표현으로 볼 수 있습니다. 이는 형제들이 삶의 질을 높이기 위하여 헌신으로 받아들여야 할 과제입니다.

이 방대한 본문 가운데 프란치스코가 의도적으로 사용한 동사인 "보다"(videre)와 "믿다"(credere)의 두 관점만을 강조하려고 합니다. 이 두 동사를 통해 형제들은 성체성사의 신비와 관련된 두 가지 움직임으로 초대받습니다. 하나는 사랑 때문에 쪼개어진 빵을 경이롭게 바라보는 것이며, 다른 하나는 그 빵을 먹음으로써 그 현존을 받아들이고 삶의 힘과 양식으로 삼는 것입니다.

이 특별한 빵을 경이롭게 바라보라는 권고는 하느님의 신비가 일관되게 드러나는 과정의 마지막 단계입니다. 보이지 않는 아버지께서는 아드님의 육신을 통해 당신이 보이도록 드러내셨고, 아드님의 육신은 제단의 빵을 통해 역사 안에 남아있습니다 (참고: 1-11절). 프란치스코는 사랑 때문에 바쳐진 빵 안에 인간을 향한 아버지 사랑의 신비가 여전히 가시적으로 드러난다고 봅니다. 하느님의 비가시성은 십자가에 못 박히신 그분의 얼굴과 쪼개진 빵에서 분명히 드러나고 있습니다. 하지만 이 둘 모두에는 같은 위험이 있습니다. 그것은 성체성사 안에서 표현되고 현존하는 형상을 보고도 인식하지 못하는 위험입니다. 오늘날 그리스도교 신앙에서 성체성사는 보고 믿는 노력을 위한 가장 직접적이고도 일상적인 공간입니다. 프란치스코는 성체성사 앞에 서기 위해서는 제자들이 그리스도의 육신을 마주했던 것처럼, 인간이 주님의 영에 의해 지탱되어야 한다고 말합니다. 주님의 영만이 두 가지 형태로 드러난 아버지의 형상을 알아차리도록 허용하기 때문입니다. 이와 관련하여 성인이 본문 중심에서 사용한 신비로운 표현이 있습니다. "그러므로 당신을 믿는 이들 안에서 머무르시는 주님의 영이 주님의 지극히 거룩하신 몸과 피를 받아 모시는 것입니다."(12절) 오직 주님의 영을 통해서만 주님의 몸을 인식할 수 있습니다. 이는 주님의 영이 스스로 그것을 받아들이기 때문입니다.

그렇다면 여기에서 말하는 영은 무엇일까요? 프란치스코는 내면적이고 감정적이며 탈육화적인 신비주의를 제안하는 것일까요? 성인이 언급한 영은 곧바로 설명됩니다. 그 영은 육화하신 그리스도와 축성된 빵 안에서 그 일을 이루신 분으로 나타납니다. "보십시오! 그분은 어좌로부터 동정녀의 태중으로 오신 때와 같이 매일 당신 자신을 낮추십니다. 그분은 겸손한 모습으로 매일 우리에게 오십니다. 매일 사제의 손을 통하여 아버지의 품으로부터 제대 위에 내려오십니다."(16-18절) 오직 주님의 영을 소유한 사람만이 성모님의 태중과 사제의 손에서 이루어진 사랑의 낮춤을 이해할 수 있습니다. 마음속에 그 영을 소유한 사람만이 말씀의 두 차례 강생 사이의 조화를 이해하고, 그 연속성을 깨달을 수 있습니다. 그러므로 주의 깊게 "본다"는 것은 하느님의 기쁜 소식을 인식하는 것을 의미합니다. 그분은 겸손과 단순함의 옷을 입고 매일 사랑으로 다가오시며, 마리아에게서 육신을 취하신 겸손이 매일 반복하여 우리에게 다가오십니다. 오직 주님의 영을 소유한 사람만이 사제의 부족하고 부당한 손을 통해 주님께서 행하시는 일을 깨닫고 놀랄 수 있습니다. 지금 이곳에서 일어나는 사건은 사랑의 본질이 겸손이라는 것과 아무것도 요구하지 않고 무상으로 주어진다는 것을 선포하는 일입니다.

일상 안에 숨겨진 경이로움을 보고 깨닫게 되는 행위, 곧 놀랍게 바라보는 것은 이어서 믿음을 자라게 해야 합니다. 이는 그 경이로움을 받아들여 삶의 양식과 힘이 되게 하기에 그렇습니다. 보는 것의 결실로서 믿는 것은 받아들인 존재를 따름의 척도이자 본보기로 삼겠다는 '아멘'입니다. 믿는다는 것은 그 빵을 먹고, 사랑의 선물이 되는 논리를 자신의 것으로 하는 것입니다. 프란치스코는 형제들에게 이렇게 말하는 것입니다. "믿는다는 것은 그 빵을 먹는 것입니다. 이는 단순히 하느님께 대한 헌신이나 존경의 행위에 그치지 않습니다. 믿음은 그분의 겸손한 낮추심을 따르고 이를 삶에서 재현하는 것을 의미합니다. 이는 매일의 삶을 선물로 만들어 세상에 희망을 심어주는 것입니다."

빵의 겸손에서 경이로움을 보는 것과 성체성사의 논리에 실존적인 믿음으로 동참하는 것 사이에는 밀접한 관계가 있습니다. 이에 대해 프란치스코는 다음과 같이 강하게 호소합니다. "바로 이 영을 지니지 않은 채 감히 주님을 받아 모시는 모든 사람은 자신에 대한 심판을 먹고 마시는 것입니다."(13절) 그 신비를 먹고 마시면서도 사랑의 선물이 되는 성체성사의 행위가 영에 의해 움직이지 않는다면, 보는 것을 믿는 것으로 연결하지 못하는 단순한 종교적 행위에 그치고 맙니다. 그렇게 되면 성체성사는 삶에 영향을 미치지 못하고, 또한 그분을 닮게 만들지도 못합니다. 그러나 성체성사를 이루는 사랑의 영이 믿는 이들의 마음에 거하시는 영과 만날 때 주님께서는 그 논리를 먹으며 살아가는 이, 성체성사를 매일 삶의 방식으로 삼는 이의 역사 속에서 다시금 육신을 취하십니다.

프란치스코는 성체성사와 관련된 또 다른 글에서 보는 것과 믿는 것, 즉 강생의 놀라움과 스스로 선물이 되기 위해 먹는 것 사이의 조화를 다시 설명합니다. 「형제회에 보낸 편지」에서 그는 그 신비에 대한 자신의 놀라운 열정을 담아 다음과 같이 아름다운 말을 남겼습니다.

오, 탄복하올 높음이며
경이로운 공손함이여!
오, 극치의 겸손이여
오, 겸손의 극치여!
우주의 주인이시며
하느님이시고 하느님의 아들이신 분이
이토록 겸손하시어
우리의 구원을 위해서
하찮은 빵의 형상 안에
당신을 숨기시다니!

형제들이여, 하느님의 겸손을 보십시오.
그리고 그분 앞에 여러분의 마음을 쏟으십시오.
그분이 여러분을 높여 주시도록
여러분도 겸손해지십시오.
그러므로 여러분에게 당신 자신 전부를 바치시는 분께서
여러분 전부를 받으실 수 있도록
여러분의 것 그 아무것도 여러분에게 남겨두지 마십시오.
(형제회 편지 27-29)

프란치스코는 성체성사 안에서 형제들에게 삶의 순환을 선포합니다. 성체성사 안에서 우리는 사랑의 무상성, 겸손, 단순함을 받아 우리 자신도 겸손하고 너그러우며 무상으로 살아가게 합니다. 그리스도인의 삶은 사랑을 받고, 그 사랑으로 자신을 내어주는 것입니다. 이는 형제들과 무상의 관계를 통해 하느님께 돌려드리는 삶의 논리를 실천하는 것입니다. 이러한 가르침은 이후 이어지는 「권고들」의 기초가 됩니다.

프란치스코는 「권고」 1번에서 성체성사를 통해 매일의 역사 속에서 가시적으로 활동하시는 하느님의 논리를 상기시킵니다. 형제가 성체성사 안에서 주님의 영이 활동하심을 발견하고 같은 영으로 활력을 얻는다면, 사제의 부족하고 부당한 손에 놓인 사랑의 겸손을 깨닫고 놀라워할 것입니다. 나아가 그 논리를 자기 실존의 양식으로 받아들일 것입니다. 이어지는 「권고들」은 어떤 면에서 이 첫 번째 「권고」를 발전시키고 이를 검증한 것으로 해석할 수 있습니다. 미리 말하자면, 나머지 27개의 짧은 「권고들」은 프란치스코가 선포하고 받아들인 이 계획이 형제들의 실존에서 참으로 진실인지, 아니면 그저 거짓되게 외양의 경건함에 불과한지를 형제들이 검증할 수 있도록 돕기 위한 것입니다.

권고 2

의지를 자기 것으로 삼는 악

[1] 주님께서 아담에게 말씀하셨습니다. "너는 낙원에 있는 모든 나무에서 열매를 따 먹어도 된다. 그러나 선과 악을 알게 하는 나무에서는 따 먹으면 안 된다."(창세 2,16-17) [2] 아담이 순종을 거스르지 않았을 때까지는 죄를 짓지 않았으므로, 동산에 있었던 모든 나무에서 열매를 따 먹을 수 있었습니다. [3] 그런데 자기 의지를 자기의 것으로 삼고, 자기 안에서 주님께서 말씀하시고 이루시는 선을 자랑하는 바로 그 사람은 선을 알게 하는 나무에서 열매를 따 먹는 것입니다. [4] 결국, 악마의 꾐에 빠져(per suggestionem diaboli) 계명을 거슬렀기 때문에, 먹은 것이 그에게 악을 알게 하는 열매가 되어 버렸습니다. [5] 그래서 그런 사람은 벌 받아야 마땅합니다.

이번 본문은 앞선 「권고」 1번과 밀접하게 연결되어 있습니다. 「권고」 1번에서 프란치스코가 성체성사를 작은 형제의 복음적 삶의 핵심으로 제시했다면, 이번 「권고」에서는 이 정체성과 반대되는 개념이 무엇인지 밝힙니다. 프란치스코의 대답은 간결하면서도 직설적입니다. 즉 복음적 삶에 반대되는 것은 바로 죄라는 것입니다. 그러나 성인이 제시한 죄의 정의는 우리가 흔히 이해해 온 죄의 개념을 근본적으로 뒤집습니다. 그는 죄를 도덕적 해석의 틀에서 벗어나게 하여 성체성사와 대립적이면서도 이를 보완하는 개념으로 제시합니다.

프란치스코는 죄의 본질을 밝히기 위해 성경 본문을 출발점으로 삼습니다. 이는 「권고」 1번에서도 그러했으며, 이후 거의 모든 「권고들」에서도 반복됩니다. 이번 본문에서는 창세기 2장 16-17절을 인용합니다. 여기에서 하느님이 아담에게 금단의 열매를 먹지 말라고 명령하십니다. 프란치스코는 이 명령을 거스르는 행위가 곧 죄라고 정의합니다. 그러나 열매를 먹는다는 것이 형제들에게 구체적으로 어떤 의미인지는 본문 후반부에서 제시합니다. 이 부분에서 독자는 죄의 본질에 대한 프란치스코의 해석을 마주하게 되는데, 이는 중세 시대의 맥락에서 볼 때 매우 놀랍고 혁명적입니다. 왜냐하면 그의 해석은 당시 신학에서 보이던 윤리적 관점에서 벗어나 있기 때문입니다. 당시의 신학은 죄를 본질적으로 하느님 계명에 대한 불순종, 즉 도덕적 악한 행위로 이해했습니다. 그러나 프란치스코는 이렇게 말합니다. "자기 의지를 자기의 것으로 삼고, 자기 안에서 주님께서 말씀하시고 이루시는 선을 자랑하는 바로 그 사람은 선을 알게 하는 나무에서 열매를 따 먹는 것입니다."(3절) 프란치스코는 나무 열매를 따 먹는 행위를 두 가지로 설명하며, 이 두 가지가 밀접한 관계에 있다고 주장합니다. 첫째는 자기 의지를 소유하는 것이며, 둘째는 하느님의 도우심으로 성취한 거룩한 선을 자기 것으로 삼아 자신을 높이고 자랑하는 일이라고 말합니다. 프란치스코가 말하는 죄는 복음의 부르심에 대한 배반이며, 자신이 성취한 선을 먹어 치우는 것, 즉 자신의 이름과 지위에 영광을 돌리기 위해 선을 행하는 것입니다. 프란치스코가 제시한 성경 본문은 독자에게 단순히 행위의 결과만 보고 선인지 악인지 판단하지 말라고 권고합니다. 오히려 자신의 마음을 살펴야 한다고 말합니다. 왜냐하면 마음이 자신의 이익을 위해 선을 행할 때 그것은 선의 나무 열매를 먹는 것과 같으며, 결국 선을 악으로 바꾸어버리는 행위가 되기 때문입니다.

프란치스코가 악마의 역할을 언급한 점이 흥미롭습니다. 악마의 영향력은 "꾐"(암시, per suggestionem, 4절)으로 묘사되며, 이는 인간이 성취한 선을 통해 자신을 높이는 행위와 관련됩니다. 이 용어는 은밀하고 통제되지 않은 교묘한 작용을 나타내며, 선을 행하려는 의지 아래에 숨겨진, 인식하지 못한 감정을 통해 작동합니다. 선을 실행하는 사람의 마음속에서 악마의 암시, 꾐, 유혹은 감추어진 자기 자랑을 촉진합니다. 이는 암묵적이고 숨겨져 있지만, 어쩌면 형제들이 자신의 의지로 행한 모든 노력을 지탱하고 이끄는 동기가 될 수도 있습니다. 악마는 성취한 선을 소유하고 이를 찬양하려는 욕망을 통해 암시하고 유혹하며, 그렇게 자신을 장애물로 내세우는 존재입니다. 이러한 방식으로 악마는 선을 실행하는 사람 안에서 선의 본성을 뒤엎는 데 성공합니다. 그 결과 그 나무 열매는 "악을 알게 하는 열매"로 변해버립니다.

지금까지 논의한 내용을 통해 「권고」 1번과 2번 사이의 상호 보완적이면서도 대조적인 관계가 더욱 명확해집니다. 「권고」 1번은 성체성사의 논리를 통해 그리스도인 삶의 계획을 요약하여 설명하지만, 「권고」 2번은 성취한 선을 자신의 것으로 소유하려는 마음에서 비롯되는 반反-그리스도적 계획을 설명합니다. 「권고」 1번에서 믿다, 곧 성체를 모신다(먹는다)는 것은 아무런 대가를 바라지 않고 자신을 선물로 내어주고 돌려주는 빵이 되는 것을 의미했습니다. 반면 「권고」 2번에서 선을 알게 하는 나무 열매를 먹는다는 것은 성취한 선을 자기 자랑과 영광의 도구로 바꾸는 것을 의미합니다. 프란치스코는 「권고들」의 첫 두 본문에서 삶의 두 가지 길을 명확히 하고 대조적으로 제시합니다. 그것은 '무상의 선처럼 자기 자신을 내어주기 위해 먹는가?' 아니면 '끈질긴 의지와 노력으로 이룬 선을 자기 것으로 만들기 위해 먹는가?'라는 문제입니다. 요약하자면 성찬례의 빵을 먹는 것은 나눔과 섬김으로 이어지는 봉사를 의미합니다. 반면 선의 나무에서 열매를 먹는 것은 지배와 소유를 열망하는 마음에 뿌리를 둔 힘(=권력)의 논리를 드러냅니다.

지금까지 살펴본 「권고」의 내용은 프란치스코가 자신의 그리스도교적 삶의 본질을 발견하게 된 근본 사건에 대해 「유언」에서 언급한 내용을 이해하고 해석하는 기초가 됩니다. 그는 이렇게 말합니다. "주님께서 나 프란치스코 형제에게 이렇게 회개를 시작하도록 해 주셨습니다. 죄 중에 있었기에 나에게는 나병 환자들을 보는 것이 쓰디쓴 일이었습니다. 그런데 주님 친히 나를 그들 가운데로 이끄셨고 나는 그들과 함께 지내면서 자비를 실행하였습니다. 그리고 내가 그들에게서 떠나올 무렵에는 나에게 쓴맛이었던 바로 그것이 도리어 몸과 마음의 단맛으로 변했습니다. 그리고 그 후 얼마 있다가 나는 세속을 떠났습니다."(유언 1-3) 프란치스코의 회심 체험, 즉 새로운 삶의 논리를 향한 '회개-메타노이아 metanoia'의 체험은 죄로 인한 쓰디씀에서 벗어나 새로운 삶과 그 삶을 끌어안는 단맛으로 전환된 여정이었습니다. 따라서 "죄 중에 있었다"는 말은 본질적으로 「권고」 2번을 통해 결정적으로 이해됩니다. 죄란 단순히 하느님의 계명을 어기는 것만을 의미하지 않습니다. 그것은 자기중심적인 삶의 방식, 즉 자신이 이룬 선을 자기의 이익을 위해 소유하려는 태도를 가리킵니다. 죄란 윤리적으로 잘못된 선택을 하는 것 이전에 무엇보다도 모든 것이 나를 위해 존재하고, 나에게 봉사해야만 한다는 자기중심적이고 자기기준적인 삶의 방식입니다. 이는 타인을 제압하고, 자신의 우월성을 드러내어 칭찬과 인정을 받는 승리하는 기사[24]가 되려는 욕망과 연결됩니다. 반면 프란치스코가 나병 환자들 사이에서 체험한 회심은 그에게 예상치 못한 선물이었습니다. 이 체험은 그를 질식시키는 자기중심적 논리에서 벗어나게 했고, 그에게 새로운 실존의 지혜와 맛을 알려주었습니다. 그는 "비참한 이들"(miseri) 사이에서 자신이 가진 가장 소중한 것, 즉 "마음"(cor)을 아무런 대가 없이 그들에게 주며 이를 느끼고 배웠습니다. 이것이 바로 진정한 "자비"(miseri-cordia)의 실천이었습니다.

프란치스코가 「유언」에서 남긴 이야기는 자기중심적인 삶에서의 회개를 말합니다. 이는 선을 끊임없이 자기 것으로 소유하려는 구조에 지배당하는 삶에서 벗어나, 아무런 기대 없이 자기를 타인에게 형제이자 종으로 내어주는 삶, 즉 자신을 선물로 내어주는 성체성사적이고 복음적인 논리로의 전환을 의미합니다. 이 새로운 인간이 바로 나병 환자들 사이에서 태어납니다. 그는 작은 형제이며, 하느님의 종이자, 복음적이며 성체성사적인 사람입니다. 프란치스코의 회개는 악마의 꾐과 암시를 통해 인간 마음에 심어진 힘과 지배의 논리에서 벗어나기 시작하는 과정입니다. 이 과정, 즉 회개를 시작하는 여정은 나병 환자들 사이에서 시작됩

---

24 역자 주: 저자는 프란치스코가 회개 이전에 세속에서 이루고 싶었던 '기사'라는 이미지를 '작은 형제'의 이미지와 비교하며 대조할 것이다.

니다. 그는 이제 비참한 이들에게 자신의 마음을 온전히 내어주는 논리로 나아갑니다.

　이번 본문의 마지막 5절을 간단히 살펴보겠습니다. 선을 이루기 위해 노력한 뒤 그것을 자기 것으로 삼으려는 사람은 "벌 받아야 마땅하다"고 프란치스코는 말합니다. 여기서 말하는 벌은 단순히 영원한 벌만을 의미하지 않습니다. 이는 현재의 삶에서 경험하는 실제적인 고통을 포함하며, 지속해서 맛보는 쓴맛을 의미합니다. 보상과 대가를 얻기 위해 선을 실행하려는 태도는 필연적으로 불안과 초조함을 낳습니다. 이는 마치 시장에서 끊임없이 자신의 상품을 홍보하며 성공을 증명해야 하는 상인의 고통스럽고 저주받은 불안과도 같습니다. 공로를 거래하듯 살아가는 그리스도인의 삶이 얼마나 많은 수고와 고뇌를 초래하겠습니까! 공로가 많을수록 그가 받는 벌과 고통도 커질 것입니다!

권고 3

완전한 순종

¹ 주님께서 복음에서 말씀하십니다. "자기 소유를 다 버리지 않는 사람은 내 제자가 될 수 없다."(루카 14,33) ² 그리고 "정녕 자기 목숨(animam suam)을 구하려는 사람은 목숨을 잃을 것이다."(루카 9,24) ³ 자기 장상의 손안에서 순종하기 위해 자기 전부를 바치는 사람은 가지고 있는 것을 모두 버리고 [자기 영혼(animam suam)과] 자기 몸을 잃는 사람입니다. ⁴ 그리고 장상의 뜻을 거스르지 않는다는 것을 본인 자신이 알고, 또 하는 일이 선한 것이라면, 그가 행하고 말하는 것은 무엇이나 참된 순종입니다. ⁵ 그리고 아랫사람은 장상이 자신에게 명하는 것보다 자신의 영혼(anime sue)에 더 좋고 더 유익하다고 여기는 경우가 있을 때라도, 기꺼이 자기 것을 하느님께 희생으로 바칠 것입니다. 그리고 장상이 명한 것을 실행에 옮기도록 힘쓸 것입니다. ⁶ 사실, 이렇게 하는 것이 하느님과 이웃을 흡족하게 하므로, 이것이야말로 사랑의 순종(참고: 1베드 1,22)이 됩니다.

⁷ 그러나 만약 장상이 아랫사람에게 그의 영혼(animam suam)에 거스르는 어떤 것을 하도록 명한다면, 그 장상에게 순종하지 않아도 되지만 그를 버리지는 말아야 합니다. ⁸ 그리고 만일 이 때문에 다른 이들로부터 핍박을 당하더라도 하느님 때문에 그들을 더욱더 사랑하도록 해야 할 것입니다. ⁹ 왜냐하면 자기 형제들과 헤어지기를 바라기보다는 핍박을 견디는 이가 자기 형제들을 위하여 "자기의 목숨(animam suam)"(요한 15,13)을 내놓기에 완전한 순종에 참으로 머무는 사람이기 때문입니다. ¹⁰ 사실 자기 장상들이 명하는 것보다 더 나은 것을 본다는 핑계로, 뒤를 돌아다보며(참고: 루카 9,62), "토해 낸"(잠언 26,11; 2베드 2,22) 자기 의지로 되돌아가는 수도자들이 많습니다. ¹¹ 이들은 살인자들이며 또한 자기들의 악한 표양으로 많은 영혼(multas animas)을 잃게 합니다.

프란치스코가 제안한 그리스도교적 삶의 계획과 그 반대가 되는 길을 다룬 「권고」 1번과 2번에 이어, 세 번째 「권고」는 작은 형제의 정체성을 정의하는 데 특별한 힘과 가치를 지닌 한 단어, 즉 순종에 초점을 맞추고 있습니다. 이 단어는 차례로 "참된", "사랑의", "완전한"이라는 세 가지 형용사를 통해 제시되고 구체화합니다. 순종의 개념은 봉헌의 삶을 선택한 사람들에게 특별한 중요성을 지닙니다. 중세 시대의 맥락에서 이 단어는 수도승의 관점에서 이해되었으며, 이는 '수도승-군인'으로서 겸손의 첫 단계,

곧 자신의 수도원장에게 근본적이고 지속적으로 순종하는 삶을 의미했습니다. 따라서 순종은 그리스도교 인간학에서 매우 중요한 핵심이며, 종교적 완성을 이루는 구체적인 실천 방안으로 자리매김했습니다. 프란치스코가 자신을 성체성사의 선물로 내어주는 그리스도교적 삶을 제안한 직후 형제들의 순종 문제를 다루기로 선택한 까닭은 그의 관점에서도 순종이 전략적으로 중요한 가치를 지닌다는 것을 입증합니다. 본문은 형제 관계 안에서 순종의 본질에 대해 깊이 있는 논증을 제시합니다. 동시에 당시 관점과는 크게 다른, 순종에 대한 혁신적인 전망을 제안하고 있습니다.

「권고」 3번은 루카 복음의 두 구절을 인용하면서 시작합니다. 예수님이 제자들에게 당신을 위해 모든 것을 버리라고 요청하며, 자기 목숨(anima)을 구하려는 사람은 이를 잃을 것이라고 말씀하십니다. 여기에서 프란치스코는 수도승적 관점인 "시체와 같은"(sicut cadaver) 순종을 다시 제안하는 듯한 인상을 줍니다. 실제로 프란치스코에게 "자기 장상의 손안에서 순종하기 위해 자기 전부를 바치는 사람은 가지고 있는 것을 모두 버리고 자기 영혼과 자기 몸을 잃게 될 때"(3절), 예수님을 따르는 작은 형제의 삶이 실현됩니다. 예수님의 제자가 되는 순종은 "자기 장상의 손에 맡긴다"는 표현을 사용하여 완전한 의탁을 상징적으로 드러내는 비유로 설명합니다. 어떤 면에서 프란치스코는 영원한 말씀이 사제의 손에 맡겨지는 것(참고: 권고 1)과 형제가 순종으로 자신의 존재를 장상의 손에 맡기는 것 사이에 이상적인 평행을 설정합니다. 이 첫 구절에서 우리는 프란치스코의 순종이 베네딕토회의 순종, 즉 누군가가 그리스도를 따르며 전적으로 하느님께 속하기 위해 자신의 영혼과 몸의 처신을 더는 자기 자신에게 두지 않고 타인의 손에 맡기는 태도를 반영한다고 느낄 수 있습니다. 그렇다면 프란치스코가 제안한 이 모습은 '수도승-군인'을 떠올리게 하는 것일까요? 그의 인간학적 모델은 혹시 군인의 맹목적인 순종을 기준으로 삼는 것일까요? 아니면 자신의 자유와 책임의 공간을 유지하면서도 장상에게 자신을 신뢰로 맡길 수 있는 형제적 인간의 경험에서 나온 순종일까요? 프란치스코의 순종에 관한 이어지는 진술을 읽는 독자는 큰 놀라움에 사로잡힐 것입니다. 프란치스코는 순종의 본질을 설명하면서 수도승적 범주를 넘어, 형제 관계를 기반으로 한 새로운 순종의 개념을 제시하기 때문입니다.

「권고」의 이어지는 부분에서 프란치스코는 순종의 본질을 명확히 하려고 세 가지 특별한 상황을 제시합니다. 이 세 가지는 각각 "참된", "사랑의", "완전한"이라는 형용사로 구체화합니다.

첫 번째 경우는 형제들이 일상에서 살아가는 기본적인 상황에 해당하며, 여기서 그들은 "참된 순종"(4절)을 실천하도록 부르심을 받습니다. 이를 저는 책임 있는 순종으로 표현할 수 있다고 봅니다. 이 상황에서 각 형제는 자신에게 맡겨진 직무나 봉사를 타인의 유익을 위해 부지런히 그리고 헌신적으로 수행할 책임이 있습니다. 이들이 내리는 모든 결정은 자신의 직무를 성실히 수행하려는 의지에서 비롯하며, 그 결정이 봉사자(장상)와 형제회에 반하지 않는다는 확신이 있는 한, 항상 순종적 자기 헌신의 행위로 간주합니다. 여기에서 순종은 단순히 명령을 따르는 것을 넘어 구체적인 상황을 주의 깊게 "듣고"(audire)[25] 이해하며, 이를 통해 타인을 사랑하고 섬기는 태도를 포함합니다. 프란치스코는 이러한 필요성을 경청하고, 이에 대해 좋은 해결책을 찾는 수고를 "참된 순종"이라고 부릅니다. 이 참된 순종 속에서 형제는 타인의 구체적인 필요성에 자신의 존재를 맡기며, 자신이 수행할 섬김의 도구가 되는 것입니다.

각자가 자율적으로 성숙한 의사 결정을 하면서 자신에게 맡겨진 임무를 수행하는 이러한 일상의 경험은 본문의 표현에 따르면, 형제간의 일상적이고 정상적인 관계를 이루는 상황을 나타냅니다. 프란치스코가 이어서 설명하는 두 가지 상황은 순종의 본질을 드러내는 추가적인 형용사와 함께 제시되며, 예외적인 경우로 간주해야 합니다. 그는 형제와 장상 사이에 의견의 불일치가 발생할 가능성을 전제하면서 이 경우에 두 가지 해결책을 제안

---

25 역자 주: 순종의 라틴어 표현은 obedientia인데, 그 어원은 ob(~을 향해) + audire(듣다)에서 파생되었다. 따라서 순종은 단순히 어떤 명령이나 지시를 따르는 게 아니라, '들으려는 태도', '주의 깊게 듣는 경청'의 자세가 전제된다.

합니다. 첫 번째(5-6절)는 형제가 장상의 뜻을 받아들이는 '내어주는 순종'으로, 프란치스코는 이를 "사랑의 순종"으로 정의합니다. 두 번째(7-11절)는 형제가 순종을 거부하지만, 장상을 떠나지 않는 '물러나는 순종'으로, 성인은 이를 "완전한 순종"이라 정의합니다.

프란치스코가 제시한 첫 번째 가정은 때때로 장상과 형제 사이에 의견 차이가 발생할 경우에 관한 것입니다. 이때 형제는 "장상이 명령하는 것보다 자신의 영혼에 더 좋고 유익하다고 여기는 것"(5절)을 기꺼이, 자발적으로 포기해야 합니다. 이것은 자기 영혼을 위해 더 좋다고 생각하는 것을 포기하고 장상의 요구에 따르는 "사랑의 순종"(6절)으로 정의됩니다. 실제로 하느님의 뜻을 이해하고 실현하려는 공동의 노력 속에서, 두 사람 사이에 무엇이 더 좋은 것인지에 대한 의견 차이가 발생할 수 있습니다. 프란치스코는 형제회 내에서 주어진 봉사의 역할을 넘어서, 아랫사람인 형제에게 자발적으로 내어주기를 요구합니다. 이는 최고의 자유로운 행위로, 자기 의지를 기꺼이 내어주는 행위입니다. 성인이 사랑이라 부르는 이 순종은 내어줌으로 정의할 수 있습니다. 왜냐하면 자신의 의지를 희생하고, 사랑에 이끌려 완전한 자유의 행위로 자율성을 내어주면서 자신을 타인에게 맡기는 것은 하느님의 사랑이 타인의 다양성을 통해 드러날 수 있다는 신뢰의 표현이기 때문입니다. 그러나 이러한 순종의 행위는 하느님의 뜻을 실현하려는 공동의 열망에서 비롯하며, 두 주체는 경쟁과 권력의 유혹에서 진정으로 자유롭고, 서로 신뢰하는 관계 속에서 이루어집니다. 두 형제는 서로 신뢰하고 의지하며, 상호 순종의 행위를 통해 서로를 맡깁니다. 따라서 사랑의 순종은 타인의 강압에 복종하는 것이 아니라, 관계 속에서 각자가 아버지의 뜻을 실현하기 위해 최선을 추구한다는 확신에 대한 신뢰의 행위입니다.

이러한 불일치의 가능성 안에서 우리는 물러섬으로 묘사할 수 있는 경우를 만나는데, 프란치스코는 이를 "완전한 순종"이라고 부릅니다. 즉 형제가 장상의 요청을 자신의 영혼이 따를 수 없다고 느낄 때입니다. 장상의 명령과 개인의 영혼 사이에서 심각한 갈등이 발생한 상황에서 성인은 두 가지 해결책을 제시합니다. "만약 장상이 아랫사람에게 그의 영혼에 거스르는 어떤 것을 하도록 명한다면, 그 장상에게 순종하지 않아도 되지만 그를 버리지는 말아야 합니다."(7절) 첫 번째 해결책은 당시 종교적 영성의 맥락에서 완전히 새로운 것을 보여줍니다. 형제는 순종하려는 의지를 철회하고 거부해야 한다는 것입니다. 베네딕토 수도원의 시각과는 달리 프란치스코에게 형제의 순종은 언제나 자신의 책임에서 나오는 것으로, 형제는 장상에게 '아니오'라고 말할 수 있는 권리와 의무가 있습니다. 이 첫 번째 해결책에 대해 아씨시의 성인은 즉시 복음적이고 역설적인 두 번째 해결책을 추가합니다. "그를 버리지는 말아야 합니다." 프란치스코가 이 세 번째 유형의 순종을 "완전한" 순종으로 규정한 것은 우연이 아닙니다. 형제는 이전의 두 가지 순종보다 더 까다로운 순종으로 부르심 받았기 때문입니다. 앞선 두 가지 순종에서는 행동의 단일성이 쉽게 드러났는데, 그것은 개인 의사 결정의 자율성이 보장된 책임 있는 순종과 봉사자의 결정에 의존하는 내어주는 순종이었습니다. 그러나 세 번째 유형에서는 형제가 두 가지 현실을 어렵게 경청해야 합니다. 그 두 가지 현실은 각각 절대적이고 조화시키기 어려운 것입니다. 즉 순종해야 하는 자신의 영혼과 떠나지 말아야 하는 형제라는 두 가지 현실입니다. 수도승과 군인에게는 사실상 물러설 수 있는 순종의 가능성이 존재하지 않지만, 프란치스코의 시각을 따르는 형제이자 벗인 이들에게는 매 순간 어떤 순종을 실천할지 고민하는 과정이 필요합니다. 즉 형제는 자신을 다른 형제의 손에 그리고 결국 하느님께 내어놓기 위해 세 가지 순종 중 무엇을 실천할지 고민해야 합니다. 프란치스코에게 이것은 저항과 항복 사이에 펼쳐지는 책임과 자유의 극劇으로서, 일상의 관계에서 성숙한 사랑을 실천하기 위한 이중적인 단계입니다.

이 충격적인 본문에 대해 마지막으로 고려할 점이 있습니다. 순종의 문제는 항상 다른 중요한 개념과 밀접하게 연결되며, 이 개념은 각 형제가 자신의 삶을 장상의 손에 맡기도록 요청되는 여러 형태를 규정합니다. 즉 프란치스코에게 순종은 항상 형제들의 "영혼-목숨"(anima)과 관련되어 있습니다. 본문에서 영혼이라는 단어는 순종과 마찬가지로 총 다섯 번[26] 등장하며, 각 부분에서 장상에게 보여야 할 순종의 구체적인 형태를 선택하는 데 중요한 역할을 합니다. 형제의 영혼과 권위의 주체인 장상 간의 평행적 관계는 세 가지 상이하고 보완적인 방식으로 자신을 내어 주는 순종이 필요하며, 이는 「수도규칙」에 설정된 원칙을 반복하고 확증합니다. "형제들의 봉사자요 종인 형제들은 자기 형제들을 방문하고 권고하며, 겸손과 사랑으로 잘못을 바로잡아 줄 것이며, 그들의 영혼과 우리 수도규칙에 반대되는 것은 어떤 것도 명하지 말 것입니다. 그리고 아랫형제들은 하느님 때문에 자기 의지를 포기했다는 것을 기억할 것입니다. 그러므로 나는 그들에게 단호히 명합니다. 형제들은 주님께 지키기로 약속했고 영혼과 우리 수도규칙에 반대되지 않는 모든 일에서 자기 봉사자들에게 순종하십시오."(인준 규칙 10,1-3) 봉사자 형제가 명령하는 행위와 아랫사람인 형제가 순종하는 행위는 똑같은 행동 기준을 따라야 합니다. 이는 영혼과 수도규칙으로, 형제 개인의 고유성과 객관적인 상황을 모두 경청하라는 뜻입니다. 봉사자와 개별 형제 모두는 이

---

26 역자 주: 사실 「권고」 3번에서 anima라는 단어는 총 6번 등장하기 때문에, 다섯 번이라고 말하는 저자의 표현을 부연해야 할 것 같다. 1) 자신의 영혼, 목숨과 관련되어 다섯 번 사용되고, 마지막 11절은 타인의 영혼을 말한다. 2) 1976년 에써 K. Esser 비판본은 3절의 "자기 영혼과"(animam suam et)이라는 표현이 없기에, 이 경우 anima는 다섯 번 등장한다.

두 측면에서 순종하도록(=경청하도록) 부르심을 받았습니다. 이 경청이 복잡하고 다양하다는 점에서 본문에 제시된 세 가지 순종의 방식이 가능하다는 사실을 보여줍니다. 따라서 「인준받은 수도규칙」에서 프란치스코는 명령하는 형제와 순종하는 형제 모두에게 책임이 있다는 인간관을 명확히 합니다. 이러한 관계에서는 결코 위계가 명확하게 설정된 군대가 생겨날 수 없고, 오직 하나로 모인 가족만이 존재합니다. 이 가족 관계는 불가피하게 불확실하고 어려울 수 있지만, 온전히 인간적이고 타인의 다양성을 존중하는 관계가 됩니다.

이런 맥락에서 또 하나 매우 중요한 글이 있습니다. 바로 삶의 어려운 순간을 겪던 레오 형제가 무엇을 할지 결정하기 위해 프란치스코에게 조언을 구했을 때 성인이 그에게 준 답변입니다. 프란치스코는 그에게 길을 가는 동안 여러 번 명령한 내용을 반복합니다. "주 하느님을 기쁘게 해 드리고 또 그분의 발자취와 가난을 따르는 데에 있어 그대가 보기에 어떤 더 좋은 방법이 있으면, 주 하느님의 축복과 나의 허락으로 그렇게 하도록 하십시오."(레오 편지 3) 레오 형제는 형제들과 함께 나아갈 길을 책임감 있게 선택해야 했습니다. 이는 자기 삶이 주님의 발자취를 따르기 위해 어떻게 이끌리는지 스스로 질문하는 거룩한 수고였고, 주님이 그를 어디로 인도하시는지 깨닫는 과정이었습니다. 형제들이 선택하는 모든 길은 하느님의 축복과 프란치스코의 순종이라는 두 가지 동반 속에서 이루어졌습니다. 그러니 "레오 형제, 힘내십시오! 삶의 책임이라는 노고를 짊어지고 형제들과 함께 그대가 깨달은 것을 실천하십시오! 결국 삶에 대한 순종, 즉 주님께 순종하는 것 — 오직 그분께만 순종해야 하며, 그 현존은 예측할 수 없습니다! — 은 레오 형제에게는 아무도 대신할 수 없는, 심지어 나 프란치스코조차 대신할 수 없는 그 책임을 온전히 감당하며 고독 속에서 수고를 감내하는 것을 의미합니다."

권고 4

아무도 장상직을
자기의 것으로 삼지 말 것입니다

¹ "나는 섬김을 받으러 온 것이 아니라 섬기러 왔다"(마태 20,28)고 주님께서 말씀하십니다. ² 다른 사람들 위에 있게 된 이들은, 형제들의 발을 씻어 주는 직책을 위임받은 것을(참고: 요한 13,14) 자랑하는 그만큼 그 장상직을 자랑할 것입니다. ³ 그리고 발을 씻어 주는 직책에서 면직될 때보다 장상직에서 면직될 때 더 흥분한다면, 그만큼 영혼의 파멸 쪽을 향해 자기의 "돈주머니를"(요한 12,6) 챙기는 것입니다.

「권고」 3번에서 순종을 다루었다면, 이번 본문은 이와 밀접하게 연결된 또 다른 개념인 권위를 논합니다. 형제회 안에서 역할과 봉사의 다양성으로 인해 형성되는 비대칭의 관계는 근본적으로 순종과 명령이라는 두 상호적 측면을 갖게 합니다. 프란치스코는 앞선 본문에서 형제들이 항상 책임감을 가지고 실천해야 하는 순종의 질적인 특징에 초점을 맞췄습니다. 순종이란 예상치 못한 삶의 어려움 앞에서 자신의 정체성을 받아들이는 성숙한 인간성의 표현이라는 점을 강조한 것입니다. 이번 본문에서는 다른 측면을 다루는데, 이는 프란치스코에게는 더 어려운 주제입니다. 그러나 복음적인 사람들의 관계에서 이 측면은 형제적인 공간을 형성하는 데 가장 중요한 문제이기도 합니다.

성인은 자신의 글에서 장상직의 중요성, 즉 누군가가 다른 형제에 대해 행사하는 권위의 중요성을 여러 차례 언급합니다. 그는 이러한 역할이 형제적 삶의 지속 가능성을 위해 결정적이라는 것을 잘 알고 있었습니다. 프란치스코는 두 가지 비유를 사용하여 이 권위의 기능을 요약합니다. 하나는 종이요 봉사자로서, 다른 형제를 받아들이고 그들의 필요에 따라 섬길 준비가 된 이의 모습입니다. 다른 하나는 영적인 자녀를 섬세히 돌보는 어머니의 모습입니다. 이 두 비유는 권위를 지니도록 부르심 받은 형제에게 주어진 하나의 목표를 요약합니다. 그것은 같은 집에서 함께 살아가는 형제들 사이에 가정적인 분위기와 친밀함을 조성하는 것입니다. 복음적 목표로 결속된 사람들이 진정한 형제자매가 되는 시공간을 만드는 것은 권위를 지닌 형제의 모성적 배려와 사목적(봉사적) 역량에 달려 있습니다.

첫 번째 비유인 종이요 봉사자에 대해 살펴보겠습니다. 이는 형제회의 봉사자요 종의 역할을 규정한 작은형제회의 「인준받은 수도규칙」 제10장에 있는 가장 상징적인 구절을 통해 명확히 이해할 수 있습니다. 봉사자의 소명은 세 가지 핵심 동사로 요약됩니다. "방문한다", "권고한다", "겸손과 사랑으로 잘못을 바로 잡아준다"입니다. 봉사자는 이 세 가지를 통해 형제들을 돌봅니다. "형제들의 봉사자요 종인 형제들은 자기 형제들을 방문하고 권고하며, 겸손과 사랑으로 잘못을 바로잡아 줄 것이며, 그들의 영혼과 우리 수도규칙에 반대되는 것은 어떤 것도 명하지 말 것입니다."(인준 규칙 10,1) 이러한 봉사의 본질은 삶의 어려움을 겪거나 수도규칙을 영적으로 실행할 수 없다는 것을 깨달은 형제가 봉사자에게 도움을 요청할 때 특히 두드러집니다. 봉사자는 자기 행동을 모든 권력과 힘의 원리를 전복시키는 기준에 따라 조정해야 합니다. "그리고 봉사자들은 사랑과 친절로 이 형제들을 맞이할 것이며, 이 형제들이 마치 주인이 종들에게 하듯이 봉사자들에게 말하고 대할 수 있을 정도로 봉사자들은 그 형제들에게 친밀감을 지닐 것입니다. 사실, 봉사자들은 당연히 모든 형제의 종이 되어야 합니다."(인준 규칙 10,5-6) 따라서 종이요 봉사자의 삶, 즉 섬기는 삶은 마음의 어려움을 겪거나 삶에 상처를 입은 형제를 환대하고, 그들에게 관심을 기울이는 환경을 조성하는 것을 의미합니다. 또한 봉사자가 형제의 어려움을 더 잘 알아차리도록 "높은 곳"(prae-latus)²⁷에서 그들을 돌보는 것을 의미합니다. 그리하여 그들을 위해 기꺼이 낮은 자리로 내려가, 삶의 험난한 여정에서 상처 입은 발을 돌보는 사람이 되는 것을 의미합니다.

어머니라는 비유 역시 권위의 봉사를 수행하기 위한 모범으로 중요한 의미가 있습니다. 이에 대한 첫 번째 증거 역시 작은형제회의 「인준받은 수도규칙」에서 찾을 수 있습니다. "그리고 형제들은 어디에 있든지 어디서 만나든지 상호 간에 한 식구임을 서로서로 보여 줄 것입니다. 그리고 필요한 것을 서로 간에 거리낌 없이 드러내 보일 것입니다. 어머니가 자기 육신의 자녀를 기르고 사랑한다면 각자는 자기 영신의 형제들을 한층 더 자상하게 사랑하고 길러야 하지 않겠습니까?"(인준 규칙 6,7-8) 어려움에 부닥친 형제를 모성적으로 수용한다는 것이 무엇을 의미하는지는 프란치스코가 「어느 봉사자에게 보낸 편지」에서 더 분명하게 설명합니다. 이 편지는 형제회에서 문제가 되는 한 명 또는 여러 형제로 인해 어려움을 겪는 봉사자를 돕기 위해 작성되었습니다. 그러나 프란치스코의 근본적인 제안은 이러한 상황을 해결하거나 통제하는 방법에 관한 것이 아닙니다. 대신 봉사자가 자기 내면을

---

27 역자 주: 장상 혹은 고위 성직자를 뜻하는 라틴어 praelatus는 "~앞에(prae) + 측면, 위치(latus)"에서 유래하여, "앞에 놓인 사람" 혹은 "우선권을 가진 사람"이라는 의미다.

성찰하여 어려움에 놓인 형제를 돕기 위해 필요한 본질적인 태도를 갖추고 있는지를 점검하게 권고합니다. "그대에게 이런 것들을 하는 이들(그대를 방해하거나 때리기까지 하는 이들)을 사랑하십시오. 그리고 주님께서 그대에게 주시는 것이 아니면, 그들에게서 다른 것을 바라지 마십시오. 그리고 이러한 상황에서 그들을 사랑하고, 그들이 더 훌륭한 그리스도인들이었으면 하고 바라지 마십시오."(봉사자 편지 5-7) 여기서 프란치스코는 직접적으로 어머니라는 단어를 사용하지 않지만, 형제들을 결정적으로 돕기 위해 봉사자가 가져야 할 눈의 중요성을 언급하며 어머니의 역할을 암시합니다. "그리고 얼마나 큰 죄를 지었든, 죄를 지은 형제가 그대의 눈을 바라보고 자비를 청했는데도 그대의 자비를 얻지 못하고 물러서는 형제가 이 세상에 아무도 없도록 하십시오. 나는 그것으로 그대가 주님을 사랑하고 있고 또 그분의 종이며 그대의 종인 나를 사랑하고 있는 것으로 알고 있겠습니다. 그리고 그 형제가 자비를 청하지 않으면 그대는 그가 자비를 원하는지를 물어보십시오."(봉사자 편지 9-10) 봉사자요 종이며 어머니의 역할은 주님의 자비로운 얼굴을 드러내고, 형제들이 그 얼굴을 통해 주님께 이끌리도록 돕는 것입니다. 바로 이러한 자비의 공간이야말로 형제들을 가족으로 태어나게 하는 집을 형성합니다. 이러한 봉사자의 사명은 한 가지 중요한 조건 아래서만 이루어질 수 있습니다. 봉사자는 모든 권력욕과 지배욕 그리고 봉사자라는 이름으로 자기 영광을 추구하려는 모든 욕망에서 벗어나야 한다는 것입니다.

　이번 본문에서 프란치스코는 형제들을 위해 봉사자요 종이며 어머니가 되라는 제안을 직접적으로 하지는 않습니다. 대신 권위의 참된 봉사를 가능하게 하는 필수적인 전제 조건을 말하고 있습니다. 그는 형제들이 권력의 올가미와 유혹에서 벗어나, 자신의 봉사가 지닌 무상성을 확인하도록 도우려 합니다. 봉사자는 자신의 역할로 인해 빚어지는 결과를 염려하기 전에, 먼저 자신의 마음이 진정 형제애에 뿌리내리고 있는지를 확인해야만 합니다. 오직 모든 권력과 지배에 대한 욕망에서 벗어나야만 그의 봉사 직무는 진정으로 효과를 발휘할 수 있습니다. 하지만 이러한 자유를 얻는 일은 절대로 쉽지 않습니다. 사실 아랫사람인 형제가 순종하는 의무(자신의 생명-영혼을 다른 사람의 손에 맡기는 행위)가 큰 도전인 만큼 봉사자 형제의 권위 역시 무상성을 요구받기 때문에 더욱 어려운 일입니다. 더불어 자신도 모르는 사이에 권위의 역할은 봉사자의 마음을 어머니와 종의 마음에서 주인과 소유자의 마음으로 변화시킬 위험을 내포하고 있습니다. 이러한 위험은 그의 영혼에도 심각한 위협이 될 수 있습니다. 따라서 이번 권고의 핵심적인 목적은 타인에 대한 권위를 행사하도록 부르심 받은 봉사자들이 작은 형제라는 정체성을 배반하지 않도록 돕는 데 있습니다.

　마태오 복음에서 인용한 성경 구절은 형제 사이에 존재할 참된 권위의 역학을 이해하는 데 절대적인 기준을 제시합니다. 그것은 그리스도라는 모범이며, 형제 관계에서 가장 본질적인 행위는 섬김이라고 선언합니다. 하지만 프란치스코는 이 본문에서 섬김과 권위 사이의 선택에 대한 단순한 영적 해석을 제안하려는 것이 아닙니다. 프란치스코는 봉사자 형제들이 다른 수도회를 운영하는 사람들처럼 권위의 봉사를 수행하는 과정에서 권력과 지배라는 논리를 단호히 거부해 왔다는 사실을 잘 알고 있었습니다. 그들은 자신을 작은 형제로 규정하였고, "장상"(prae-latus: 다른 사람들 앞에 놓인 자)의 임무가 발을 씻어주는 것에 비유된다는 점을 기꺼이 받아들였습니다. 따라서 프란치스코는 본문 초반에서 형제들이 장상직을 수행하기 위해 무엇을 생각하였고, 무엇을 실현하려 했는지를 상기시킵니다. 성인에게 가장 중요한 것은 추상적인 원칙이 아니라 형제들의 마음속 진실을 확인하는 것이었습니다. 이것이 프란치스코가 동료를 돕고자 했던 가장 중요한 핵심이었습니다. 그는 인간의 머리와 마음, 말과 감정, 생각과 태도 사이에 종종 발생하는 괴리와 충돌을 잘 알았습니다. 이러한 이유로 프란치스코의 교육적 접근은 단순히 권위를 행사하는 데 기준이 되는 복음의 가치를 되새기게 하는 것에 그치지 않았습니다. 오히려 형제들이 자신이 '깨닫고-바란 것'과 '느꼈고-살아온 것' 사이의 조화를 확인할 수 있는 실질적 방법을 제공하는 데 초점을 맞춥니다. 이것이 이번 「권고」의 참된 목적입니다. 그리고 그 방법은 근본적으로 매우 단순하면서도 효과적입니다. 마치 프란치스코가 이렇게 말하는 듯합니다.

"장상의 역할을 발을 씻어주는 섬김으로 이해하며 살아가는 그대에게, 저 프란치스코 형제는 대조하는 방법을 사용할 것을 제안합니다. 이 방법은 그대가 장상의 자리에서 면직되었을 때 느끼는 감정에 주의를 기울이는 것입니다. 더 이상 권위를 행사할 수 없게 될 때 그대 내면 깊은 곳에서 일어나는 감정에 귀 기울여 보십시오! 그대는 자유와 가벼움을 느낍니까? 아니면 쓰디씀과 분노를 느낍니까? 그대의 진실은 머리로 확인하는 것이 아니라, 삶이 그대에게서 어떤 것을 빼앗아 갔을 때 마음 깊은 곳에서 솟아나는 반응에서 드러납니다. 그대가 진정 작은 형제로 살아가고 있다는 확신, 곧 권력을 추구하지 않고 무상성을 실천하며, 소유 없이 가난한 자로 머물고, 타인에게 아무것도 요구하지 않을 때, 심지어 그들이 더 나은 그리스도인이길 바라지 않을 때 그대의 진실이 확인될 수 있습니다. 삶이 그대의 역할과 직무를 빼앗아 갔을 때 느끼는 감정이야말로 자신을 이해하는 데 가장 귀중한 자료입니다. 또한 이러한 감정은 머리로 이해한 선언과 내면에서 일어나는 고통스러운 감정 사이의 일치와 거리를 확인하게 합니다. 그대의 진실은 이러한 감정의 심오한 곳에, 그 얽힘 속에 숨겨져 있기 때문입니다."

프란치스코에게 우리 자신을 드러내는 데 매우 효과적이고 소중한 감정은 바로 흥분과 동요(참고: 권고 4; 11; 14; 27)입니다. 이 감정은 거의 항상 분노나 화로 발전합니다. 프란치스코가 자주 연결하는 이 두 감정, 즉 흥분과 분노는 겸손과 인내와는 반대되는 것으로, 장상이 경험할 수 있는 내면 상태를 보여줍니다. 이는 장상이 자신의 역할을 섬김이 아닌 소유와 자기 것으로 삼는 태도를 드러냅니다. 이러한 태도는 종종 무의식적으로 마음속 깊은 곳에 숨어있지만, 자신의 역할을 빼앗겼을 때 느끼는 분노를 통해 분명히 드러냅니다. 왜냐하면 오직 소유자만이 자기 것을 빼앗겼을 때 분노할 권리가 있기 때문입니다. 프란치스코가 마지막에 언급한 "자기의 돈주머니를 챙긴다"는 말의 의미가 바로 이것입니다. 분노와 흥분은 형제가 자신의 역할을 섬김과 봉사로 여기는 대신 이를 자기 소유로 삼았음을 보여줍니다. 이는 그 역할이 형제에게 부유함과 자기만족 그리고 자기중심적인 소유물이 되었음을 의미합니다. 이러한 변질은 심각하고 파괴적입니다. 이는 "영혼의 파멸"을 초래하며, 자신의 정체성과 영혼을 위협하는 결과를 낳습니다. 비록 그가 권위를 행사하면서 타인의 유익을 위해 선을 실행하고 많은 에너지를 쏟았다 하더라도, 그는 도둑질을 저지르는 위험에 빠질 수 있습니다. 흥분과 분노는 그가 장상의 역할을 수행하며 쏟은 고민과 노력이 사실은 권력을 소유하고 유지하려는 욕망에서 비롯되었음을 드러냅니다. 권력은 그가 애착한 돈주머니였습니다. 그러나 이것은 그의 것이 아니었으므로 그는 결국 도둑이 되고 맙니다. 설령 그가 겉으로는 훌륭한 결과를 보여주었고, 선을 이루기 위해 노력했으며, 더 나은 결과를 위해 수고를 아끼지 않았더라도, 자신의 역할을 잃었을 때 분노와 흥분이 일어난다면, 이는 그가 형제들의 어머니와 봉사자, 종이 아니었음을 의미합니다. 오히려 그는 악마의 꾐에 빠져(참고: 권고 2), 권력과 지배의 돈주머니를 추구한 권위의 소유자였던 것입니다.

권고 5

아무도 교만하지 말고, 주님의 십자가를 자랑할 것입니다

¹ 오, 사람이여, 주 하느님께서 육신으로는 사랑하시는 당신 아들의 "모습대로", 그리고 영靈으로는 당신과 "비슷하게"(참고: 창세 1,26) 그대를 창조하시고 지어 내셨으니, 주 하느님께서 그대를 얼마나 높이셨는지 깊이 생각해 보십시오. ² 그런데 하늘 아래에 있는 모든 피조물은 나름대로 자신의 창조주를 그대보다 더 잘 섬기고 인식하고 순종합니다. ³ 뿐만 아니라 마귀들이 그분을 십자가에 못 박은 것이 아니라, 바로 그대가 마귀들과 함께 그분을 십자가에 못 박았으며, 그대는 아직도 악습과 죄를 즐기면서 그분을 십자가에 못 박고 있습니다. ⁴ 그러니 그대는 무엇을 자랑할 수 있겠습니까? ⁵ 실상, 그대가 "모든 지식을"(1코린 13,2) 가지고 있고, "모든 언어를"(1코린 12,28) 해석할 수도 있고, 또 천상 일을 날카롭게 꿰뚫어 볼 정도로 예리하고 명석하다 할지라도, 그대는 이 모든 것을 자랑할 수 없습니다. ⁶ 왜냐하면 주님으로부터 가장 높

은 지혜에 대한 특별한 인식을 받은 사람이 있다고 해도, 한 마리의 마귀는 그 모든 사람보다 천상 일에 대해 더 많이 알고 있었고, 지금은 지상 일에 대해 더 많이 알고 있기 때문입니다. [7] 이와 마찬가지로 그대가 모든 사람보다 더 잘생겼고 더 부유하고, 또한 기적들을 행하여 악령들이 달아난다 해도, 이 모든 것은 그대에게 해(장애, contraria)가 되고 그대의 것은 아무것도 없으며 이 모든 것 안에서 아무것도 그대는 자랑할 수 없습니다. [8] 오히려, 우리는 이 안에서 우리의 "연약함"(2코린 12,5)과 우리 주 예수 그리스도의 거룩한 십자가를 매일 지는(참고: 루카 14,27; 갈라 6,14) 일을 자랑할 수 있습니다.

이전 「권고」에서 핵심적으로 다뤄진 동사가 "자기 것으로 삼다"(approprio)였다면, 이번에는 "자랑하다"(glorior)라는 동사가 추가됩니다. 이 두 동사는 밀접히 관련됩니다. 선을 소유하고자 엄청난 노력과 결단을 기울이는 욕망은 본질적으로 개인의 영광을 추구하는 목적을 가질 수 있습니다. 즉 선을 행하는 이유가 자신을 드높이기 위함이라는 것입니다! 이는 작은 형제가 선을 실행하기 위해 애쓰는 모든 과정에 숨어있는 악마의 유혹입니다. 이는 선을 실천하려는 사람의 마음 깊은 곳, 본능적 움직임 속에 숨어있는 미묘하고도 예측할 수 없는 유혹이며, 악마가 그곳에서 영향을 미치려 하는 암시(참고: 권고 2)입니다. 어쩌면 그는 선을 실행하면서 자신도 모르게 자기 영광과 자아를 추구하고 있을지도 모릅니다.

프란치스코는 「권고」에서 처음이자 유일하게 2인칭 단수를 사용해 독자인 "그대"와 직접적인 대화를 하며 근본적인 질문을 던집니다. "그대는 무엇을 자랑할 수 있겠습니까?"(4절) 이 질문은 본문을 두 부분으로 나누는 역할을 합니다. 첫 번째 부분은 중요한 성찰로 시작합니다. 이는 독자가 자기 상태를 깨닫는 데 도움을 주는 내용입니다. 그대는 부유한 자이며, 임금의 자녀입니다. 왜냐하면 하느님께서 당신 아드님의 "모습대로" 그대의 육신을, 당신과 "비슷하게" 그대의 영을 창조하셨기 때문입니다(1절 참고). 그러나 이런 조건이 자신을 자랑하는 태도를 정당화할 수 있을까요? 즉 이 고귀한 조건을 실제로 드러내고, 그 부요함 속에서 살아가며 자랑할 수 있는 때가 과연 있을까요? 프란치스코는 이에 대해 두 가지 상황을 가정합니다. 하나는 그 조건이 담고 있는 가능성으로 인한 성공의 경우이고, 다른 하나는 실패의 경우입니다.

첫 번째 경우에서 성인은 가상의 독자가 자기 삶에서 세 가지 전략적 영역(지식, 외적 표현, 행동)에서 긍정적인 결과를 얻었다고 전제합니다. "그대는 지식의 영역(5-6절)에서 하느님의 모든 신비를 알고 있습니다. 그대는 외적 표현의 영역(7절)에서 가장 아름답습니다. 그대는 행동의 영역(7절)에서 기적적인 일을 행하였습니다. 그러나 이러한 모든 조건에도 불구하고 그대는 스스로를 높이거나 자랑할 수 없습니다." 이 놀라운 주장을 뒷받침하기 위해 세 가지 이유가 제시됩니다. 첫째와 둘째 이유는 인간의 의지와 무관한 외적이고 객관적인 성격을 띕니다. "첫째, 지식에 있어 악마는 그대보다 모든 것을 더 잘 알고 있습니다(6절 참고). 둘째, 그대가 가진 모든 것은 그대의 소유가 아니라 하느님에게서 온 것입니다(7절 참고)." 프란치스코가 이미 언급한 주제로 돌아가 보면, 자신을 높이고 자랑하는 것은 악마를 닮는 행위이자 도둑질로 어떤 것을 자기 소유로 삼는 것임을 지적합니다. 셋째 이유는 주관적인 동기를 강조합니다. "셋째, 성취한 선을 자랑하는 것은 하느님의 종이 부르심 받은 자유와 가벼움의 길에 '해'(contraria)가 됩니다(7절 참고)." 프란치스코는 마지막 이유를 특히 강조하며, 작은 형제의 선한 행위 속에 숨어있는 위험한 역학을 폭로합니다. 성취한 선을 자랑하려는 태도는 그것을 해로 바꾸어버립니다. 이는 작은 형제가 기쁘고 가볍게 살아가는 것을 방해합니다. 이러한 태도를 가진 이는 선을 지키기 위해 끊임없이 애쓰고, 그것을 잃어버릴까 두려워하며 불안 속에서 살아가는 소유자로 전락합니다.

이번 「권고」의 마지막 8절에서는 프란치스코가 자랑과 자기 높임의 유일한 이유가 되는 상황을 제시합니다. "우리의 연약함과 우리 주 예수 그리스도의 거룩한 십자가를 매일 지는 일을 자랑할 수 있습니다."(8절) 프란치스코는 너에서 우리로 전환하며, 연약함과 실패가 자랑과 기쁨, 즐거움의 원천임을 선언합니다. 이는 모두에게 해당하는 집단적 조건으로 제시됩니다. 비슷한 내용은 프란치스코가 「인준받지 않은 수도규칙」에서 설교와 기도, 노동 즉 하느님 나라를 위한 모든 임무에 종사하는 형제들에게 간청하며 강조한 바 있습니다. "하느님께서 여러분 안에서 그리고 여러분을 통해서 행하시거나 말씀하시고 이루시는 좋은 말과 일에 대해서, 더 나아가 어떤 선에 대해서도 자랑하지 말고, 스스로 기뻐하지 말며, 마음속으로 자기 자신을 높이지 않도록 하십시오. […] 그리고 우리의 것이라고는 악습과 죄밖에는 아무것도 없다는 사실을 우리는 확실히 알고 있어야 합니다. 오히려 갖가지 시련을 겪을 때와, 영원한 생명을 얻기 위하여 이 세상에서 영혼이나 육신의 온갖 괴로움이나 고생을 견딜 때 우리는 더 기뻐해야 합니다."(비인준 규칙 17,6-8.) 방금 언급한 글과 「권고」 5번은 고통을 변호하는 것이 아닙니다. 마치 패배자와 실패자의 고통에서 자기 학대적(마조히즘) 즐거움을 찾는다는 뜻으로 해석해서는 안 됩니다. 프란치스코에게 중요한 것은 인간이 진정으로 자신을 마주하는 순간입니다. 즉 인간의 진실은 자신이 육肉의 존재이며, 한정된 시간과 공간에 속해있음을 깨닫는 데 있습니다. 십자가는 육의 연약함을 상징하며, 자신의 삶을 지배하여 승리로 이끌 수 없는 무력함을 드러냅니다. 이는 각자가 자신의 가장 깊은 진리를 마주하게 되는 순간입니다. 하지만 십자가는 인간 운명과 본성에 대한 마지막 선언이 아닙니다. 이는 단지 전 단계에 불과합니다. 십자가 뒤에는 이번 「권고」를 여는 선언이 이어집니다. 즉 우리가 인간의 자녀임을 인정하고 이 조건을 기꺼이 받아들일 때 하느님은 우리가 그분께 속해있으며 우리의 업적과 무관하게 당신의 자녀임을 상기시켜 주십니다. 오히려 우리가 가장 연약할 때야말로 강하며, 임금의 자녀임을 자랑할 수 있는 순간입니다. 바로 이 순간, 인간은 타인과 대립하며 살아가는 '너'가 아니라 '우리'로 변화됩니다. 승자가 되기 위해 의심과 불안한 고독에 사로잡힌 삶을 멈춥니다. 그는 타인과 함께 인간성을 나누며, 하늘에 계신 아버지의 자녀임을 자랑할 수 있게 됩니다.

　인간 삶의 질에서 무엇이 유익하며 무엇이 해로운지에 대한 관점의 전환, 즉 자신에게 진실하게 살아가고 그 결과 타인에게 자유롭게 살아갈 가능성에 대해 프란치스코는 이후의 글에서도 자주 언급합니다. 우리는 아씨시 성인의 그리스도교적 인간에 관한 이 중요한 주제를 더 자세히 살펴볼 것입니다. 이러한 관점은 그의 자전적 비유인 「참되고 완전한 기쁨」에서 정점에 이르게 됩니다.

권고 6

주님을 따름

¹ 모든 형제들이여, 우리 모두 당신 양들을 속량하기 위해(참고: 요한 10,11; 히브 12,2) 십자가의 수난을 견디어 내신 착한 목자를 주의 깊게 바라봅시다. ² 주님의 양들은 "고난과 박해", 수치와 "굶주림"(로마 8,35), 연약함과 유혹 등 모든 점에서 주님을 따랐습니다. 그리하여 주님에게서 영원한 생명을 얻었습니다. ³ 그러므로 성인들은 이렇게 업적을 이루었는데 우리는 그것을 그저 이야기하고 설교만 하며 영광과 영예를 받기 원하니, 이것은 하느님의 종들인 우리로서 대단히 부끄러운 일입니다.

「권고」 6번 본문에서 첫 번째 주목할 점은 시작 동사가 이전 「권고」 5번과 같지만 두 가지 작은 변화가 있다는 것입니다. 이전 본문에서는 "오 사람이여, 생각해 보십시오"(Attende o homo)로 시작했지만, 이번에는 "모든 형제들이여, 주의 깊게 바라봅시다"(Attendamus omnes fratres)라고 말합니다. 아텐데레Attendere 동사는 다양한 의미로 번역할 수 있습니다. '주의를 기울이다', '조심스레 바라보다', '신중히 생각한다'와 같은 해석이 가능합니다. 프란치스코는 형제들에게 중요한 메시지를 전달할 때 자주 이 동사를 사용하여 주의를 환기합니다. 특히 이번 본문에서는 "모든 형제들이여"라는 표현을 사용하여 자신까지 포함하면서 메시지의 설득력을 더욱 높입니다.

그는 형제들의 주의를 환기한 뒤 그들이 주목할 세 가지 장면을 제시합니다. 첫째, 양들을 위해 십자가를 짊어진 목자의 사랑에 감탄해야 한다는 점입니다(1절). 프란치스코는 여기에서 사용한 표현을 통해 이전 「권고」 5번의 마지막 부분과 연결합니다. 그는 "십자가는 인간이 유일하게 자랑할 수 있는 참된 영광"이라고 말한 바 있습니다(참고: 권고 5). 그러나 이번에는 다른 이유를 제시합니다. 십자가는 단순히 육의 존재인 자신의 진실을 받아들이는 순간일 뿐만 아니라, 주님께서 우리를 돌보시는 표징이며 사건입니다. 그분 안에서 참된 관계의 모범을 발견할 수 있습니다. 이는 타인 앞에서 자신을 자랑하는 것이 아니라, 목자가 자기 양을 위해 죽는 것처럼 타인을 돌보는 사랑을 의미합니다.

이 첫 번째 기본 장면에 이어 형제들이 계속 주의를 기울여야 할 두 번째 장면이 나옵니다. 주님의 양들은 목자를 따라 자신에게 주어지는 선물의 여정을 걸었고, 십자가에 못 박힌 사랑이 되는 고단함을 받아들였다는 것입니다(2절). 프란치스코는 이 문장에서 자신이 특히 좋아하는 동사인 "따른다"(sequor)를 사용합니다. 이는 결코 우연이 아닙니다. 프란치스코는 자신의 글에서 "모방한다"(imitor)라는 동사는 전혀 사용하지 않지만, "따른다"라는 동사는 자주 사용하기 때문입니다. 그리스도교 영성에서 모방이 중요한 의미가 있음에도 불구하고, 프란치스코가 이를 의도적으로 배제한 것은 명확하고 의식적인 선택입니다. 저는 이것이 인간학적 관점에서 선택으로 봅니다. 이는 앞서 「권고」 3번에서 언급한 군인과 형제의 차이를 다시 상기시킵니다. 모방은 절대적으로 수동적인 관계를 나타냅니다. 여기서 기본적으로 요구하는 노력은 모범을 그대로 재현하기 위해 자기 자신을 부정하는 것입니다. 이런 맥락에서 모방을 잘 표현하는 이미지는 상관의 명령에 절대 복종하는 군인이라 할 수 있습니다. 반면에 따름은 모범과의 관계 속에서 책임감과 유대를 강조합니다. 한편으로는 자신이 의지하는 안내자를 집중해서 바라보고, 다른 한편으로는 그의 발자취를 따르기 위해 어떤 단계를 밟을지 스스로 선택해야 합니다. 이러한 과정에서 그 모범인 분과 친구이며 형제의 관계를 형성합니다.

프란치스코가 그리스도인 삶의 방향으로 따름을 제안하기 위해 자주 인용한 구절은 베드로 1서 2장 21절입니다. 이 구절에서 사도는 "그리스도의 발자취를 따르라고"(vestigia Christi sequi) 요청합니다. 따름으로 살아가는 정체성과 연관하여 중요하게 여겨지는 본문 중 하나는 바로 「인준받지 않은 수도규칙」입니다. 학자들은 이 「수도규칙」의 서문과 제1장에 프란치스코가 자신의 「유언」에서 언급한 생활양식이 포함되어 있다고 봅니다. 프란치스코는 이렇게 회고합니다. "주님께서 나에게 몇몇 형제들을 주신 후 내가 해야 할 일을 아무도 나에게 보여주지 않았지만, 지극히 높으신 분께서 친히 나에게 거룩한 복음의 양식에 따라 살아야 할 것을 계시하셨습니다. 그리고 나는 그것을 몇 마디 말로 그리고 단순하게 기록하게 했고 교황님께서 나에게 확인해 주셨습니다."(유언 14-15) 여러 증거를 통해 초기 형제 공동체를 위한 옛 본문이 존재했고, 이는 인노첸시오 3세 교황이 구두로 인준했을 가능성이 큽니다. 비록 이 본문이 현재 전해지지 않지만, 1221년의 「인준받지 않은 수도규칙」의 서두에 포함되었을 것으로 추정합니다. 이 본문은 복음적 삶의 계획을 다음과 같은 말로 요약합니다. "이 형제들의 수도규칙과 생활은 순종 안에, 정결 안에, 소유 없이 살면서 우리 주 예수 그리스도의 가르침과 발자취를 따르는 것입니다."(비인준 규칙 1,1) 이 구절과 직접적으로 연결되는 네 복음 구절(마태 19,21; 마태 16,24; 루카 14,26; 마태 19,29)은 모두 그리스도를 따르는 것의 의미를 명확히 밝히는 데 중점을 둡니다. 이 구절들을 통해 복음적 정체성을 선택한다는 것은 자유롭고 가벼운 공동체적 삶의 양식을 지향하는 것을 의미합니다. 모든 소유로부터 해방되어 하느님 나라의 기쁜 소식을 선포하는 자요, 전파자가 되는 것입니다. 따라서 예수님의 뒤를 따른다는 것은 순례자가 되는 것을 뜻합니다. 이를 위해 반드시 권력욕에서 벗어나고 자기 소유 없이 가벼워져야 합니다. 또한 사람들 사이에서 주님의 말씀을 선포하며, 그분의 발자취를 따라가기 위한 제일 나은 방법을 책임감과 자율성을 가지고 선택해야 합니다.

 프란치스코는 그리스도인의 삶을 정의하기 위해 「권고」 6번에서도 의도적으로 '따른다'라는 동사를 사용합니다. 이번에는 주님을 따르는 길에서 그 진정성에 주의를 둡니다. 본문의 첫 번째 핵심 요소는 신뢰입니다. 우리는 양 떼를 돌보는 착한 목자에게 시선을 집중해야 합니다. 그분을 따른다는 것은 생명으로 인도된다는 것을 의미합니다. 이러한 신뢰와 의탁은 주님을 따르는 여정에서 마주하는 어려움을 받아들이고 극복하기 위한 첫 번째 조건입니다. 프란치스코가 언급하는 예시는 이미 착한 목자를 따르는 삶을 실현한 사람들입니다. "그들은 고난과 박해, 수치와 굶주림, 연약함과 유혹 등 모든 점에서 주님을 따랐습니다. 그리하여 주님에게서 영원한 생명을 얻었습니다."(2절) 주님을 따른다는 것은 예루살렘으로 가는 길을 걷는 것입니다. 이는 조건 없이 자신을 선물로 내어주는 삶을 의미하며, 이것이 바로 착한 목자께서 자기 양들을 이끌고자 하는 참된 자유와 가벼움입니다. 프란치스코에게 주님과 그분의 제자들 그리고 신뢰와 열정으로 그분을 따른 이들을 바라보는 것은 평화, 화합, 나눔, 곧 형제애에 도달하기 위해 예수님을 따르는 여정을 인식한다는 것을 의미합니다. 이 여정은 모순과 대립을 통과해야 하며, 결국 자신을 조건 없는 선물로 내어주는 삶을 요구합니다. 이것이 바로 사랑 때문에 십자가에 못 박히시고, 분열과 폭력의 구조를 깨뜨리기 위해 자신을 내어주신 분을 따르는 삶입니다. 그분을 따라 사는 사람은 자신의 생명을 내어줌으로써 자신과 타인의 생명을 지키는 사람이기에, 생명의 길을 걷게 되는 것입니다.

프란치스코가 형제들에게 던지는 마지막 호소는 참된 양들이 목자를 향해 보내는 주의 깊은 시선과 대비됩니다. 그는 형제들에게 "형제들이여, 주의 깊게 바라봅시다"(1절)라고 초대하면서 목자를 따랐던 양들의 거룩한 이야기를 바라보는 태도가 모순에 빠지지 않도록 경고합니다. "성인들은 이렇게 업적을 이루었는데 우리는 그것을 그저 이야기하고 설교만 하며 영광과 영예를 받기 원하니, 이것은 하느님의 종들인 우리로서 대단히 부끄러운 일입니다."(3절) 성인들의 삶을 바라보는 것을 자기 실존에서 기준이 되는 모범으로 인식하지 못하고, 그저 이야기하고 설교하는 기회로만 사용한다면 그리고 이를 통해 영광을 얻으려는 목적으로 활용한다면, 이는 결국 대단히 부끄러운 일입니다. 성인들의 삶을 단순히 영광과 영예를 받기 위한 도구로 삼기 위해 바라보는 것은 생명의 동기가 되지 못하고, 그들의 삶을 배신하여 교환 상품으로 만드는 일입니다. 이는 십자가를 자신의 이익을 위해 이용하며, 십자가가 생명으로 이끈다는 진리를 믿지 않는 것과 다르지 않습니다.

프란치스코는 성인들의 삶을 우리의 삶으로 받아들이지 못한 채 단순히 말로만 설교하는 위험성을 강하게 경고합니다. 이와 관련하여 따름에 관한 다른 본문을 떠올릴 수 있습니다. 여기에서 그는 작은 형제의 정체성에 핵심이 되는 두 가지 태도를 동료에게 권고합니다. "모든 형제들은 우리 주 예수 그리스도의 겸손과 가난을 따르도록 힘쓸 것입니다."(비인준 규칙 9,1) 이 겸손과 가난에 연결된 또 다른 덕인 인내는 이후에 다시 등장합니다. 겸손과 가난, 겸손과 인내 사이의 연결성은 프란치스코가 매우 중요하게 여긴 주제로, 그의 글에 자주 언급됩니다. 그는 이 덕들 안에서 착한 목자의 얼굴을 발견하기 때문입니다. 착한 목자를 따른다는 것은 양들을 위해 기꺼이 죽을 수 있는 태도를 의미합니다. 이는 날마다 십자가를 끌어안고 어깨에 짊어지며, 자유와 가벼움의 궁극적 목적지인 예루살렘을 향해 그분과 함께 걸어가는 것입니다.

권고 7

지식에 선행이 뒤따라야 합니다

¹ 사도가 말합니다. "문자는 사람을 죽이고 영은 사람을 살립니다."(2코린 3,6) ² 사람들 중에서 더 많은 지식을 가진 자로 인정받기 위해서 또 친척이나 친구들에게 줄 많은 재물을 얻기 위해서 다만 말마디만을 배우기를 열망하는(cupiunt scire) 이들은 문자로 말미암아 죽임을 당한 사람들입니다. ³ 그리고 거룩한 문자의 영靈을 따르기를 원치 않고 말마디만을 배우기를 열망하며 (cupiunt scire) 다른 사람들에게 설명해 주기를 열망하는 수도자들은 문자로 말미암아 죽임을 당한 사람들입니다. ⁴ 그리고 알고 있는 문자나 알고 싶어 하는 모든 문자를 육신의 것으로 돌리지 않고, 오히려 모든 선을 소유하시는 지극히 높으신 주 하느님께 말과 모범으로 돌려드리는(reddunt) 사람들은 거룩한 문자의 영으로부터 생명을 얻은 사람들입니다.

본문의 기본 주제는 「권고」 6번의 마지막 부분에서 언급한 말의 사용과 연결되는 것으로 보입니다. 앞서 프란치스코는 형제들이 성인들에 대해 이야기하고 설교하면서 단지 영광과 영예를 얻으려는 위험성을 경고했습니다. 이 경우, 말은 더 이상 거룩한 이야기를 전달하여 청중이 그리스도를 따르도록 돕는 데 쓰이지 않고, 오히려 자신의 이익을 위한 도구로 전락합니다. 이러한 태도는 프란치스코에게 대단히 부끄러운 이유가 됩니다. 이번 「권고」에서도 같은 주제가 반복됩니다. 하지만 이번에는 인간이 사용할 수 있는 가장 거룩한 말, 즉 주님의 말씀을 남용할 위험에 대해 더욱 주의 깊게 다룹니다.

이번 본문은 성경 구절의 인용에 따라 두 부분으로 나뉩니다. "문자는 사람을 죽이고 영은 사람을 살립니다." 처음 두 구절(2-3절)은 거룩한 말씀을 잘못 사용하거나, 부당하게 자신의 것으로 삼을 때 발생하는 치명적인 위험을 설명합니다. 반면 마지막 구절(4절)은 그 말씀이 본래 주인에게 되돌려질 때 그 말씀에서 흘러나오는 생명력을 강조합니다.

이 간단한 통찰을 통해 이번 「권고」에서도 이전 본문에서 이미 등장한 프란치스코 언어의 핵심 개념이 다시 드러납니다. 본문의 중심에는 "배움"(scire), 즉 알다라는 표현이 자리하며, 이는 「권고」 5번에서 언급된 인간이 자기 자랑의 위험에 빠질 수 있는 세 가지 영역(지식, 외적 표현, 행동) 중 첫 번째와 명확히 연결됩니다. 말씀을 아는 것이나 지식을 배우는 것은 주님께서 주신 선입니다. 더 나아가 이는 주님께서 우리에게 주신 가장 귀한 선이라고도 할 수 있습니다. 그러나 이러한 배움은 개인에게 불확실하거나, 더 나아가 모호한 능력이 될 수 있습니다. 성경 말씀은 그것을 사용하는 사람의 태도에 따라 새 삶의 원천이 되거나 죽음의 말이 될 수도 있기 때문입니다. 말씀은 그것을 지닌 사람의 태도와 영에 따라 생명을 주는 원천이 되기도 하고, 그 반대가 되기도 합니다. 결국 배운 사람이 지닌 영에 따라 말씀이 생명을 주는 도구가 되거나 죽음에 이르게 하는 도구가 될 수도 있습니다.

지식이 타인에 대한 권력의 도구가 될 때 그것은 죽음의 원인이 됩니다. 더 많이 "알고자 하는 욕망"(cupiunt scire)은 "사람들 중에서 더 많은 지식을 가진 자로 인정받기 위해서"(2절) 그리고 "다른 사람들에게 말마디를 설명하여"(3절) 그들의 주인이 되고자 하는 데서 비롯합니다. 프란치스코는 이러한 태도의 밑바탕에 더 중요한 역할을 차지하려는 열망, 즉 타인보다 더 나은 존재가 되려는 욕망이 자리한다고 봅니다. 그는 이러한 방식으로 말을 배우며 살아가는 것을 "다만 말마디만을 배우기를 열망한다"(2절)고 표현합니다. 이 맥락에서 성인이 언급한 "거룩한 문자의 영"(3절)을 따르지 않는다는 것이 무엇을 의미하는지 이해할 수 있습니다. 이들은 타인보다 더 잘 알게 된 지식을 권력으로 삼아 거룩한 문자의 영을 비워내고, 말씀을 자기 권력의 도구나 교환 상품으로 전락시킵니다. 원래 그들은 하느님께서 우리를 무상으로 사랑하셨다는 기쁜 소식, 즉 성령으로 가득 찬 참된 내용을 전달해야 했습니다. 하지만 반대로 말씀은 죽음의 말로 변질됩니다. 성경 말씀을 배우면서 그것을 권력의 수단으로 전락시키는 것은 말씀을 "말마디만"으로 만드는 것과 같습니다. 말씀에 담긴 영원한 생명을 주는 힘은 제거되고, 대신 타인 위에 자신을 내세우려는 공허한 권력으로 채워집니다. 단지 "사람들 중에서 더 많은 지식을 가진 자로 인정받기 위해" 말씀을 배우는 것은 성경을 살아 움직이게 하는 영을 비워낼 뿐만 아니라, 그것을 영예와 부요함의 도구로 삼는 자 곧 "자기 것으로 삼는"(참고: 권고 3) 자의 죽은 영으로 채우는 것입니다. 결국 이러한 태도는 말씀을 주님의 영으로부터 분리하여, 생명을 주는 대신 죽음을 가져오는 문자의 영으로 변질시킵니다.

이와 반대되는 목적으로 지식의 말씀, 특히 성경의 말씀을 배우려는 사람은 두 가지 조건을 충족할 때 그 말씀으로부터 생명을 얻습니다. "육신의 것으로 돌리지 않고, 오히려 모든 선을 소유하시는 지극히 높으신 주 하느님께 말과 모범으로 돌려드리는"(4절) 경우입니다. 말씀을 배운다는 것은 말씀의 개방성을 유지하는 것을 의미합니다. 말씀은 인간 외부의 원천에서 온 것이며, 이를 받아들이기 위해 지식과 지혜를 얻으려는 노력이 필요합니다. 또한 말씀은 자신을 충만히 담고 계신 분께 돌아가는 여정에서 동반자가 되길 원합니다. 이번 「권고」의 두 번째 부분에서 프란치스코는 그가 삶을 바라보고 살아가는 방식에서 가장 중요한 동사 하나를 사용합니다. "알고 있는 문자", 즉 지성의 힘과 노력으로 얻은 말씀은 생명의 말씀이 되기 위해 반드시 "돌려드려야"(reddere) 합니다. 말씀을 돌려드린다는 것은 이전의 태도를 뒤집는 것을 뜻합니다. 이전 태도는 인간이 말씀을 얻으면 이를 자기 것으로 삼고, 그 주인이 되어 타인에게 권력을 행사하기 위한 도구로 사용하는 것이었습니다. 그러나 말씀은 반드시 그 원천이신 분께 되돌아가야 하며, 주님께 돌려드려야 합니다. 이는 단순히 지식과 지혜의 능력이 하느님에게서 온 선이라는 사실을 인정하기 위해서만이 아니라, 무엇보다도 그 말씀을 모든 권력의 구도에서 벗어나게 하고, 자유롭게 타인에게 다시 전달함으로써 말씀의 원천이신 분의 신비를 드러내기 위함입니다. 성경 말씀을 아는 사람은 그 말씀을 통해 생명을 얻습니다. 말씀을 통해 그는 타인에게 무상성과 관대함으로 이 선을 나누어주는 여정을 시작하기 때문입니다. 이로써 그는 말씀의 본성인 무상성과 풍요로움에 참여하게 됩니다. 말씀을 아는 사람은 이를 선물로 관리하기에 생명을 얻습니다. 그 말씀은 우리를 위해 우리에게 선포된 아버지의 순수한 무상성을 반영하고, 이 본성에 참여하는 삶을 살게 합니다. 인간이 소유할 수 있는 가장 소중한 선, 즉 말씀의 앎과 맛은 그 말씀이 하느님과 형제들에게 되돌아갈 때 진정한 부요함이 됩니다. 이때 말씀은 자신의 본질, 즉 선물의 무상성이라는 참된 영을 유지하게 됩니다. 그리고 인간은 선물을 돌려드린 기쁨 외에는 아무것도 자기 것으로 남기지 않습니다. 이로써 그는 사랑 때문에 말씀이 되신 분과 닮아가며, 타인의 역사 속에서 이를 확장해 나갑니다. 자신이 받은 선물의 무상성은 말씀, 즉 그리스도께서 선포하시고 전달하신 생명에 참여하는 삶으로 이어질 것입니다.

권고 8

시기의 죄를 피할 것입니다

¹ 사도가 말합니다. "성령에 힘입지 않고서는 아무도 '예수님은 주님이시다'라고 할 수 없습니다."(1코린 12,3) ² 또, "선한 일을 하는 사람은 없습니다. 단 한 사람도 없습니다."(로마 3,12; 참고: 시편 13,3; 52,4) ³ 따라서 누구든지 주님께서 자기 형제 안에서 말씀하시고 이루시는 선을 보고 그 형제를 시기하면, 모든 선을 말씀하시고 이루어 주시는 지극히 높으신 분 자신을 시기하는 것이기에(참고: 마태 20,15) 하느님을 모독하는 죄를 범하는 것입니다(참고: 1코린 6,12).

「권고」 8번에서도 프란치스코는 형제들이 소유한 선에 주목합니다. 그는 형제들이 소유한 것의 겉치레에 속지 않도록 돕고자 합니다. 모든 것을 포기하고 작은 자의 삶을 받아들여 경제적으로 가난해졌다고 자동으로 모든 권력과 소유의 구조를 버리고 하느님 자녀로서의 자유에 이르렀다는 것을 의미하지 않습니다. 형제들은 경제적으로 가난했어도 영적인 재화에서는 풍요로워졌습니다. 이는 주님과 하느님 나라를 위해 성취한 것, 즉 가르침과 설교, 자선 활동을 통해 얻은 선한 업적과 좋은 결실을 포함합니다. 바로 여기에서 프란치스코의 예언적이고 복음적인 통찰이 드러납니다. 그는 이 영적인 재화가 본성상 선한 것임에도 불구하고, 물질의 재화만큼이나 위험할 수 있음을 통찰합니다. 형제들의 정체성을 일관되게 드러내는 것은 그들 행위의 질적인 측면이기보다는, 그 행위를 수행할 때 자기 마음을 얼마나 깊이 들여다보고 귀를 기울였는지에 달려있습니다.

「권고」 7번에서 프란치스코는 성경 말씀에 대한 풍부한 지식을 가진 이들에게 그 지식을 자기 것으로 삼는 일의 심각한 위험성을 경고했습니다. 이러한 행위는 타인에게 인정과 존경을 받고자 지식을 자기를 위한 부로 만드는 위험을 내포합니다. 이런 부유함은 형제들과 나누어 하느님께 돌려드려야 할 선물이 아니라, 타인을 지배하기 위해 자기 것으로 삼은 약탈품으로 변질될 수 있습니다. 프란치스코는 하느님께서 성취하도록 허락하신 선으로 인해 부유해지고 교만해진 이런 형제(권고 7번)의 모습에 이어, 「권고」 8번에서는 또 다른 측면에서 대조적인 형제의 모습을 제시합니다. 그는 타인이 이룬 선을 시기하는 자입니다. 시기와 질투는 교만과 밀접하게 연결됩니다. 교만은 세상을 위에서 아래로 내려다보지만, 시기와 질투는 아래에서 위로 타인을 보는 것입니다.

교만한 자는 하느님을 잊고 선을 자기 것으로 돌려 소유하려 하지만, 시기와 질투는 하느님을 불공정하다고 비난하며 의심합니다. 형제회 안의 관계를 다룬 이 짧은 「권고」의 구성은 이러한 중요한 주제를 다루면서 매우 흥미로운 성찰을 제공합니다.

시기하고 질투하는 이는 타인이 이룬 선이 하느님의 업적임을 명확히 알고 있습니다. 그 선을 이루도록 능력과 기회를 주시고 허락하신 분이 바로 하느님이기 때문입니다. 이 전제는 시기심이 신성모독에 해당하는 본질적 이유를 보여줍니다. 시기심은 하느님이 공정하지 않으며, 따라서 선하지 않다고 주장합니다. 만약 하느님이 공정하고 선하셨다면, 타인에게 준 그 능력과 기회를 다르게 분배했을 것이라는 논리를 내세웁니다. 시기심은 자신이 겪었다고 느끼는 부당함에서 비롯한 분노를 먹고 자라며, 선하고 공정하다고 칭송받아야 할 하느님을 오히려 부정하고 비난합니다. 이러한 이유로 프란치스코는 시기심에 대해 단호하고 근본적인 태도를 보입니다. 그는 시기심을 신성모독으로 정의하며, 하느님에 대한 반역이자, 그분을 거짓말쟁이로 고발하는 행위로 간주합니다.

그러나 이러한 반역 행위의 뿌리에는 형제를 시기하는 사람의 마음속에 자리 잡은 더 깊고 파괴적인 본성의 움직임이 존재합니다. 하느님을 공정하지 않다고 비난하는 신성모독은 자신이 타인보다 높은 자리에 있지 못하다는 사실에 대한 뿌리 깊고 보이지 않는 분노에서 비롯합니다. 시기하는 이는 선을 소유한 형제가 자리한 위치에 자신이 있어야 한다고 느끼며, 그 자리에 오르지 못한데 대한 분노로 타오릅니다. 자기 형제를 시기하는 사람은 오직 하나의 욕망에 사로잡혀 있습니다. 그는 선을 자신에게 돌리고, 그것을 소유하며, 그로 인해 자랑하기를 원합니다. 그로써 그는 마침내 타인들 위에 서서 존경과 칭찬을 받는 누군가가 되고 싶어 합니다. 따라서 시기는 교만과 밀접하게 연결되어 있습니다. 왜냐하면 시기는 그 밑바탕에서 교만으로 변하기를 열망하기 때문입니다. 시기하는 자는 교만한 자의 비참한 형제이며, 둘은 권력과 지배를 갈망하는 욕망이라는 똑같은 아버지를 섬기고 있습니다. 이러한 가족 안에는 결코 평화가 있을 수 없습니다. 그 아버지가 낳은 자녀들은 자신이 여전히 영적인 것이라고 주장하는 선을 차지하기 위해 끊임없이 다툴 것이기 때문입니다. 그러나 그들 손에 쥔 이 선은 결국 그 본성을 잃고, 정반대인 육적인 것으로 변해 죽음을 가져오고 맙니다.

이번 「권고」의 결론으로 프란치스코가 1인칭으로 형제들에게 권고하는 「인준받은 수도규칙」의 한 구절과 연결하는 것이 적절해 보입니다. 이 구절에서 프란치스코는 서로 밀접히 연관되어 있으며, 형제 관계에 해를 끼치는 일련의 악습을 조심스럽게 피하라고 분명하게 경고합니다. "한편, 나는 주 예수 그리스도 안에서 권고하며 충고합니다. 형제들은 모든 교만과 헛된 영광, 질투와 탐욕, 이 세상 근심과 걱정, 그리고 중상과 불평에 빠져들지 않도록 조심하십시오."(인준 규칙 10,7) 이 권고는 작은 형제로 부르심 받은 이들의 형제적 삶의 특징을 정의하는 「인준받은 수도규칙」 제10장의 두 번째 부분에 자리합니다. 상호 환대와 서로에 대한 섬김이라는 관계적 순환을 기초로 하는 형제 공동체를 실현하려면, 형제들이 봉사자와 수하 형제라는 역할을 떠나 권력에 대한 유혹에서 자유로워져야 합니다. 이는 모든 이가 이런 악습에서 벗어날 때만 가능합니다. 이러한 악습은 단순히 형제 관계에서 나타나는 문제일 뿐만 아니라, 교만과 헛된 영광 그리고 시기(질투)라는 두 가지 악습에서 비롯합니다. 교만과 시기는 다른 모든 관계에 악습이 뿌리내려 죽음의 열매를 맺게 하는 극단적 공간을 형성합니다. 삶을 높은 자리와 낮은 자리, 승리와 패배, 지배와 피지배라는 기준으로만 살아가면, 교만과 시기가 두드러지게 나타납니다. 이런 악습에 지배당하는 사람은 결코 진정한 관계를 맺을 수 없으며, 참된 의미에서 형제가 될 수 없습니다. 그런 관계 속에서는 형제 관계에서 사라져야 할 권력욕과 지배욕, 즉 분열을 일으키는 자인 악마의 얼굴이 드러납니다.

따라서 교만과 시기는 타인에 대한 권력과 지배를 추구하는 반反-그리스도교적 삶의 근본 태도입니다. 반면 "주님의 영과 그 거룩한 활동"(인준 규칙 10,8)을 지니려는 사람, 즉 그리스도교적 삶을 살고자 하는 사람은 "박해와 병고에 겸허하고 인내하며"(인준 규칙 10,9), "우리를 박해하고 책망하고 중상하는 사람들을 사랑하는"(인준 규칙 10,10) 태도를 가져야 합니다. 이로써 우리는 다음 「권고」로 자연스럽게 이어지게 됩니다. 「권고」 9번에서 프란치스코가 원수에 대한 사랑을 강조하는 것은 우연이 아닙니다. 참된 그리스도인이자 작은 형제는 단순히 교만과 시기에서 벗어나기를 바라는 것(권고 8번)에서 그치지 않고, 그리스도를 따르며 모든 형태의 폭력과 적개심에서 벗어나 원수조차 조건 없이 받아들이는 사랑을 자기 삶에서 실현하고자 하기 때문입니다.

권고 9

사랑

¹ 주님께서 말씀하십니다. "너희 원수를 사랑하고(Diligite inimicos vestros) 너희를 미워하는 사람들에게 잘해 주고 너희를 박해하고 중상하는 사람들을 위하여 기도하여라."(마태 5,44) ² 따라서 자기 원수를 진정으로 사랑하는 사람(diligit inimicum suum)은 자기가 당하는 해로 말미암아 괴로워하지 않고, ³ 오히려 그의 영혼의 죄로 말미암아 하느님의 사랑 때문에 가슴 태우는 사람입니다. ⁴ 그리고 그에게 행동으로 사랑을 보여줍니다.

이전 「권고」에서 프란치스코는 경쟁의 영으로 특징지어진 삶을 사는 두 부류의 사람을 다루었습니다. 교만한 사람과 시기하는 사람은 자신도 모르는 사이에 모두와 싸움을 벌이는 자들이 됩니다. 교만한 사람은 더 높은 자리를 지키려는 강박적인 욕망에 사로잡혀 있고, 시기하는 사람은 그 자리를 얻지 못한 데 대한 분노로 휘둘립니다. 이들은 형제적 삶의 방식을 포기하고, 다른 사람을 경쟁자나 적으로 여깁니다. 이번 「권고」에서 성인은 이러한 폭력적 존재로 인해 피해를 당한 사람에게 초점을 맞춥니다. 프란치스코는 그들에게 무엇을 요구하는 것일까요? 그는 원수를 사랑하라는 역설에 기대어 형제들에게 복음의 시각을 제안합니다. 사실 이는 비상식적이고 때로는 미친 짓처럼 보이지만, 분열의 영으로 깨진 관계에 맞서 이를 해결할 수 있는 유일하고도 적절한 방법입니다. 프란치스코는 제자들에게 원수로부터 자신을 방어하거나 그들의 행동을 저지하는 방법을 제안하는 대신, 원수가 된 이와 회복할 수 있는 해결책을 제시합니다. 즉 원수의 적대감과 경쟁심을 새로운 형제 관계로 변화시키는 것입니다.

그러나 프란치스코의 제안을 다루기 전에 복음에서 사용되고 서두에서 반복된 명령형 동사를 주목해야 합니다. 그것은 딜리제레diligere라는 동사입니다. 이 동사는 "원수를 사랑하여라"(1절)와 "원수를 사랑하는"(2절)으로 표현되었습니다. 이 동사는 프란치스코의 글과 「권고들」에서도 여러 차례 등장하며, 복음에서 더 자주 사용된다는 점으로 보아 또 다른 '사랑한다'라는 동사인 아마레amare보다 선호한 것으로 보입니다. 문자 그대로 해석하면, 딜리제레는 "디-레제레"(di-legere)로, 무언가를 신중하게 선택하거나 특별히 주의를 기울이는 것을 의미합니다. 흥미롭게도 이 동사는 항상 어려운 상황에서 사용됩니다. 즉 까다로운 사람, 원수, 죄인과의 관계에서 쓰인다는 점입니다.[28] 이 동사를 전략적으로 사용한 대표적인 사례는 「어느 봉사자에게 보낸 편지」입니다. 이 편지에서 프란치스코는 가장 어려운 형제들에 대한 이 명령을 실행하도록 특별한 지침을 줍니다. "그리고 그대에게 이런 것들을 하는 이들을 사랑하십시오(dilige). 그리고 주님께서 그대에게 주시는 것이 아니면, 그들에게서 다른 것을 바라지 마십시오. 그리고 이러한 상황에서 그들을 사랑하고(dilige), 그들이 더 훌륭한 그리스도인들이었으면 하고 바라지 마십시오. 그러면 이것이 그대에게는 은수 생활보다 더 좋은 것이 될 것입니다. 그리고 얼마나 큰 죄를 지었든, 죄를 지은 형제가 그대의 눈을 바라보고 자비를 청했는데도 그대의 자비를 얻지 못하고 물러서는 형제가 이 세상에 아무도 없도록 하십시오. 나는 그것으로 그대가 주님을 사랑하고(diligis) 있고 또 그분의 종이며 그대의 종인 나를 사랑하고 있는 것으로 알고 있겠습니다. 그리고 그 형제가 자비를 청하지 않으면 그대는 그가 자비를 원하는지 물어보십시오."(봉사자 편지 5-10) 프란치스코는 봉사자에게 어려운 형제를 우선하여 선택하고 그들을 신중하게 돌보라고 초대합니다. 왜냐하면 이 형제들과 함께하는 것이야말로 봉사자가 하느님과 프란치스코와 함께 살고

---

28 참고: 「권고들」 3,8; 14,4; 24,1; 「2신자 편지」 38; 「봉사자 편지」 5; 「주님의 기도」 8; 「비인준 규칙」 9,11; 11,5; 22,1; 「인준 규칙」 6,6; 10,10.

자 했던 바를 실현하는 길이기 때문입니다. "사랑하는 봉사자 형제여, 그대가 이 형제들을 돌본다면(diligere), 그대는 진정 하느님과 나를 사랑하는 것(diligere)입니다." 이 본문에서 말하는 돌봄은 분명한 기준이 있습니다. 그것은 바로 "자비"(miseri-cordia)입니다. 자비란 비참한 이(miseri)에게 마음(cor)을 내어주는 것을 의미합니다. 이것이 바로 특별한 사람을 신중하게 선택하는 "우선적 사랑"(pre-dilizione)입니다. 왜냐하면 이러한 사람들은 봉사자에게 자신이 특별한 존재가 될 것을 요구하기 때문입니다. 이번 「권고」에서 사용된 이 핵심 동사에 대한 해석에 이어, 이제 프란치스코 성인이 형제들에게 제시한 구체적인 해결책을 살펴보겠습니다.

프란치스코가 형제 관계에서 발생할 수 있는 적대감과 경쟁이라는 어렵고 고통스러운 문제를 다루기 위해 청중에게 세 가지 동사를 제시합니다. 첫째, 자신이 당하는 모욕에 대해서 "괴로워하지 않고"(2절), 둘째, 그 형제를 위해서 "가슴을 태우고"(3절), 셋째, 사랑에 이끌린 행동을 "보여주라"(4절)입니다. 성인이 이 세 가지 제안으로 제시한 방법은 두 가지 측면을 포함합니다. 우선, 프란치스코는 형제 관계에서 적대적인 상황에 놓였을 때, 원수로 변한 상대방의 공격에 대해 자신이 어떤 느낌으로 반응하는지 자신의 마음을 면밀히 살펴보라고 권고합니다. 폭력적인 상황을 극복하기 위한 어떤 전략을 선택하기에 앞서, 자신이 받은 상처로 인해 느끼는 고통과 분노의 크기를 이해하는 것이 우선입니다. 만일 그 고통과 분노가 크다면, 그는 "자기가 당하는 해로 말미암아 괴로워하지 않을 때"(2절)까지 기다려야만 한다고 말합니다.

이러한 맥락에서 프란치스코가 원수 사랑이라는 심각한 문제에 대해 언급한 다른 본문을 떠올릴 수 있습니다. "모든 형제들이여, 우리는 '원수를 사랑하고 너희를 미워하는 자들에게 잘해 주어라'(마태 5,44) 하신 주님의 말씀에 귀를 기울입시다. 우리가 발자취를 따라야 할 우리 주 예수 그리스도께서 당신을 넘겨준 사람을 벗이라 부르시고 또한 당신을 십자가에 못 박은 사람들에게 기꺼이 자신을 내주셨기 때문입니다. 그러므로 우리에게 부당하게 번민과 괴로움, 부끄러움과 모욕, 고통과 학대, 순교와 죽임을 당하게 하는 모든 이들이 바로 우리의 벗들입니다. 그들이 우리에게 끼치는 그것들로 말미암아 우리는 영원한 생명을 누릴 것이기에 우리는 그들을 극진히 사랑해야 합니다."(비인준 규칙 22,1-4) 이 글에서 원수 사랑은 원수로 변하여 자신을 배신한 벗을 사랑하신 그리스도를 따르는 구체적 방식으로 드러납니다. 그러나 이 본문에서 가장 흥미로운 점은 「권고」 9번의 첫 번째 제안과 연결되는 결론 부분입니다. 프란치스코는 원수를 사랑해야 하는 또 다른 이유를 다음과 같이 제시합니다. "우리에게 끼치는 그것들로 말미암아 우리는 영원한 생명을 누릴 것이기에 우리는 그들을 극진히 사랑해야 합니다." 여기서 중요한 점은, 그들의 악행으로 생겨난 괴로움이 마치 천국을 얻기 위한 대가처럼 여겨지는 문제가 아니라는 것입니다. 오히려 그들이 사랑받아야 하는 이유는 그들과의 관계에서 오는 어려움이 우리에게 더 깊고 진실한 자기 인식을 요구하기 때문입니다. 이 자기 인식은 우리 마음속에 숨겨진 감정을 살펴보도록 이끌며, 우리가 분노와 폭력에 휘둘리는지, 아니면 십자가에 못 박힌 그리스도를 따라 자신이 받은 모욕에도 괴로워하지 않을 능력을 지녔는지를 분별하게 합니다. 이러한 분별 없이, 적대감으로 오염된 관계를 관리하고 치유하는 것은 불가능합니다.

그러면 어떻게 폭력으로 오염된 마음에서 해방되어 고요함에 이를 수 있을까요? 혹시 프란치스코는 고통 속에서 일종의 스토아주의나 파키리즘[29]을 요구하는 것일까요? 아니면 모욕으로 인해 생기는 괴로움에 무감각한 이른바 람보 형제를 상상하는 것일까요? 그 답은 앞에서 언급된 동사(괴로워하다, 2절)와 긴밀히 연결된 두 번째 동사에서 찾을 수 있습니다. 모욕에 괴로워하지 않으려면 무엇보다 경쟁자이자 형제인 그를 괴롭히는 고통에 대한 열정을, 즉 하느님의 사랑에서 비롯한 열정을 내면에서부터 불태워야 합니다(가슴 태우다, 3절). 사실 그는 자신의 죄 때문에 원수가 되

---

29 역자 주: 스토아주의는 고대 그리스의 철학으로, 고통을 감정적으로 다루지 않고 이성적으로 대처하며 내적인 평화를 유지하려는 태도를 말한다. 파키리즘은 인도의 철학적 전통으로, 고통을 영적 수련의 일부로 보고 이를 자발적으로 받아들여 극복해야 한다고 말한다.

었으며, 그 죄는 그의 영혼을 죽음으로 이끕니다. 다시 말해, 괴로움을 겪지 않으려면 이 원수 형제가 사실은 아픈 형제라는 것을 내면에서부터 느낄 수 있어야 합니다. 그를 지배하는 교만과 시기심은 그가 앓고 있는 병이며, 이 병은 그를 폭력적인 삶으로 몰아가 건강한 관계를 맺지 못하게 합니다. 그는 자신에게 사로잡힌 노예가 되었고, 그로 인해 자신의 영혼뿐만 아니라 인간으로서 그리고 형제로서의 정체성까지 파괴하고 있습니다. 그의 죄는 그의 병인 것입니다. 이러한 내면의 깨달음만이 형제를 적대감으로 오염시키지 않고, 벗에서 원수로 변한 이를 향한 사랑을 실천할 수 있는 유일한 전제 조건이 됩니다. 환자의 병에 분노를 느끼는 의사는 좋은 의사가 될 수 없습니다. 그는 환자의 상처를 치료하기 위해 타인을 향한 열정을 품고 그들의 고통에 공감해야 합니다. 또한 자기 눈앞에 보이는 질병 때문에 충격을 받지 않고 이를 치료하려는 열성을 가져야 합니다. 이러한 전제 없이는 원수를 사랑할 수 없으며, 더 나아가 그 원수가 다시 형제가 되도록 돕는 것도 불가능합니다.

이와 같은 방식으로 프란치스코가 형제들에게 제시한 세 가지 제안은 두 번째 측면으로 이어집니다. "그리고 그에게 행동으로 사랑을 보여줍니다."(4절) 여기에서 성인이 사용한 교육적 전략은 매우 흥미롭습니다. 이번 「권고」에서 그의 양성 활동의 약 3분의 2는 형제들이 자신을 잘 이해하고, 그들의 마음속에 무엇이 자리

잡고 있는지 깨닫도록 돕는 데 집중합니다. 반면에 나머지 3분의 1에서는 구체적으로 무엇을 해야 하는지 언급합니다. 하지만 이 제안은 지나치게 일반적이어서 다소 실망스럽게 느껴질 수도 있습니다. 왜냐하면 프란치스코는 형제이자 원수이며 병든 자인 사람의 마음을 바꿀 수 있는 유일한 방법은 그를 향한 사랑이라는 사실을 상기시키는 데 그치기 때문입니다. 즉 원수에게 받은 상처 때문에 느끼는 괴로움이 아니라, 그가 놓인 가난과 죽음의 상황에서 비롯된 고통을 직면하며 자라난 사랑을 의미합니다. 이러한 사랑은 형제-의사가 가진 열정적 감정이 구체적이고도 용감하게 선택한 행동으로 드러날 때, 즉 사랑이 육화되어 눈에 보이는 형태로 나타날 때만 그에게 전달될 수 있습니다. 이 사랑은 병든 이를 치유할 수 있는 유일한 자비의 기름입니다. 그러므로 프란치스코는 구체적인 방법과 전략을 각 개인의 판단에 맡기며, 각자는 병든 형제를 회복시키기 위해 어떤 올바른 행동(구원의 기름)을 해야 할지 스스로 깨달아야 합니다. 타인의 고통 때문에 괴로워하는 형제-의사는 이 자비의 기름을 언제, 어디서, 어떻게 사용할지에 대한 특별한 명확성과 지혜를 지닙니다. 이 기름은 매우 귀중한 동시에 매우 효과적이기도 합니다.

잘 생각해 보면, 원수 사랑은 비현실적인 박애주의나 천국행 점수를 쌓기 위한 도덕주의와는 거리가 먼 원칙입니다. 오히려 이것은 폭력에 대한 두려움에서 벗어나 평화로운 가족의 삶을 살기 위한 진정한 해결책입니다. 원수로부터 자신을 보호하기 위해 방어막 뒤에서 숨어 살거나, 철창 안에 원수를 가두는 방식은 여전히 폭력이 불러온 두려움에 의해 지배되는 해결책에 불과합니다. 반면에 평화를 위한 전략은 언제나 길고 불확실한 여정을 요구하지만, 이것만이 타인의 존재로 인한 불안에서 마음을 자유롭게 하고, 형제적 친밀함이 주는 기쁨을 되찾을 수 있게 합니다. 불의하고 가혹한 폭력에 자신을 내어줌으로써 죽음을 이기신 분을 따르는 이 길은, 원수가 된 벗을 잃은 괴로움을 감내하며, 그가 형제 관계로 다시 돌아오도록 도와주는 무상적 선물의 길입니다. 타인과의 복잡하고 때로는 고통스러운 관계 속에서도 주님의 발자취를 따르고자 하는 사람은 프란치스코가 봉사자에게 어려운 형제와 관련하여 상기시킨 임무, 즉 "그를 주님께 이끄는 임무"(봉사자 편지 11)를 수행할 수 있습니다. 이는 사랑 때문에 원수를 위해 십자가에 못 박혀 돌아가신 그분의 얼굴로 형제를 이끌어, 형제간의 전쟁으로 인한 분열을 극복하고 함께 걸어가야 하는 결정적인 이유를 되찾게 하는 것입니다.

권고 10

육신의 제어

¹ 죄를 지을 때나 해를 입을 때 자주 원수나 이웃을 탓하는 사람들이 많습니다. ² 그러나 이래서는 안 됩니다. 사람은 육체를 통해서 죄를 짓게 되는데 누구나 그 원수, 즉 육체를 다스릴 수 있기 때문입니다. ³ 그러므로 자기의 지배 아래 넘겨진 그러한 원수를 항상 손아귀에 집어넣고 그에게서 슬기롭게 자기 자신을 지키는 그런 종은 복됩니다(마태 24,46). ⁴ 이렇게 하는 한, 볼 수 있건 볼 수 없건 그 어떤 원수도 그를 해칠 수 없기 때문입니다.

「권고」 10번은 해석이 쉽지 않습니다. 무엇보다 원수라는 단어가 다양한 의미로 사용되며 네 번이나 반복된다는 점과 "육신"(corpus)에 대해 표면상 부정적인 시각이 존재하기 때문입니다. 사실 이번 본문은 앞선 「권고」 9번에서 사용한 용어를 이어받지만, 여기에서는 더 복합적인 의미를 지닙니다. 이번 「권고」에서 인간의 원수는 더 이상 외부의 존재(눈에 보이거나 보이지 않거나)만을 뜻하지 않습니다. 외부의 원수는 인간 앞에 나타나 해를 끼칠 가능성을 가진 존재로 묘사됩니다. 그러나 이번에는 내부의 원수, 즉 자신의 육체가 문제의 핵심으로 제시됩니다. 육신은 죄의 원인이 되기 때문에 참으로 인간이 두려워할 원수로 인식해야 한다는 것입니다. 「권고」 9번에서 프란치스코는 형제들에게 외부의 원수를 사랑하라고 권고했지만, 이번에는 태도를 바꾸어 내부의 원수, 즉 자신의 육신과 싸우는 데 큰 결심을 가지라고 요구합니다. 이렇게 원수라는 용어가 다의적으로 사용됨과 동시에 육신에 대한 부정적 시각도 나타납니다. 육신은 죄의 원인으로 여겨져 싸워야 하고, 제압해야 하며, 감옥에 가두어야 할 대상으로 묘사됩니다. 이러한 관점은 분명 현대의 인간학과는 거리가 먼 중세의 시각입니다. 하지만 이러한 한계를 염두에 둔다고 하더라도 프란치스코의 이 짧은 본문은 오늘날에도 큰 관심과 가치를 지닌 핵심 메시지를 담고 있습니다. 사실 이번 「권고」는 하나의 분명한 긴장감을 바탕으로 작성되었습니다. 즉 많은 이가 자신의 문제를 타인에게 돌리고, 외부에서 원인을 찾으려 눈길을 돌린다는 데 있습니다. 그러나 프란치스코는 인간의 모든 선택의 진실과 모든 실패의 원인은 자기 내면에 있다고 말하면서 내면을 깊이 들여다보라고 요청합니다.

삶의 실패를 경험할 때 자기 어려움의 원인을 타인에게 돌리려는 전형적인 미숙한 태도를 보이는 "사람들이 많습니다."(1절)

외부 세계에 잘못을 전가하고, 그것이 나쁘고 거짓이라고 판단하는 것은 분명 자신이 져야 할 책임의 무게를 덜기 위한 방어기제입니다. 내 잘못이 아니라고 주장하는 것은 미숙한 사람의 본능적인 욕구를 보여주는 방식입니다. "세상이 이렇지만 않았어도 나는 그렇게 행동하지 않았을 것이다. 세상이 바뀌면 나도 변할 것이고 더 나아질 것이다." 우리가 처한 상황에 대한 책임을 원수나 이웃에게 돌리는 것은 미숙한 자가 아직도 어린아이처럼 무죄의 상태에 머물고 싶어 하는 심리를 드러냅니다. 이는 마치 자신이 엄마의 무조건적인 사랑과 이해를 받을 자격이 있다고 믿는 것과 같습니다.

프란치스코는 복잡한 논리나 긴 설명 없이 이 구조를 단호히 무너뜨리려고 합니다. 그는 인간의 잘못이 타인이나 잘못된 세상, 또는 나쁜 이웃의 탓이 아니라고 단언합니다. 우리는 외적 현실이 지나치게 크고 복잡하기에 그것을 변화시킬 수 없다는 사실을 잘 알고 있습니다. 외부 세상을 변화시키려고 온 힘을 다해도, 그 과정에서 깊은 좌절에 빠질 위험이 있습니다. 외부의 변화를 통해 자신이 더 나은 사람이 되길 바라는 것은 결국 자신을 속이는 일입니다. 프란치스코는 자신의 부족함과 불만에 대한 책임을 타인에게 전가하는 것은 아무런 결실도 가져다주지 못하는 미숙함일 뿐이라고 형제들에게 상기시킵니다. 그것은 단순히 죄책감을 덜어내는 데 그칠 뿐, 자신이 겪는 모욕이나 죄를 다루는 데는 전혀 도움이 되지 않습니다. 성숙한 어른이라면 자신이 할 수 있고, 해야 할 일을 타인에게 요구하지 않는 법입니다!

성숙한 사람은 삶의 어려움에 직면할 때마다 자기 자신으로부터 출발하는 사람입니다. 그는 어려운 현실 속에서 위치를 바꾸는 것이야말로 그 현실을 정확히 인식하고 다루는 방식을 변화시키는 유일한 방법이라는 것을 잘 알고 있습니다. 여기서 프란치스코가 제안하는 관점의 전환은 매우 흥미롭습니다. 그는 문제 해결의 핵심적이고 결정적인 요소로 각자의 육신에 주의를 기울일 것을 요청합니다. 그리고 자기 육신을 다스릴 수 있다면 세상도 다스릴 수 있다고 강조합니다. 여기서 말하는 육신은 단순히 인간의 물리적이고 물질적인 부분만을 가리키는 것이 아닙니다. 이는 죄를 짓는 인간성을 의미하며, 「권고」 2번에서 언급된 것처럼 "자기 의지를 자기의 것으로 삼고, 자기 안에서 주님께서 말씀하시고 이루시는 선을 자랑하는 사람"(권고 2,3)의 태도를 지칭합니다. 프란치스코에게 육신, 즉 죄를 짓게 만드는 원수는 자기중심적이고 미성숙한 욕망으로 세상을 지배하려고 하는 우리의 자아입니다. 권력과 지배에 대한 욕망은 인간을 모든 외적인 원수의 손아귀에 휘둘리게 만듭니다. 그는 외부의 원수들을 자기 영광과 야망을 방해하는 존재로 인식합니다. 그러나 프란치스코는 타인으로부터 자신을 방어하는 것이 아니라, 자신의 자아를 다스리는 것이 핵심이라고 주장합니다. 인간의 자아는 자기 의지를 행사할 수 있는 참되고 유일한 영역입니다. 여기서 프란치스코는 "감옥"이라는 가혹한 이미지[30]와 "슬기롭게 자기 자신을 지킨다"(3절)는 표현을 사용합니다. 즉 자아의 충동과 욕망을 다스리는 것이 외적 공격에서 벗어나는 길이라고 말합니다. 자신의 인간적 작동 원리를 훈련하는 금욕을 통해 자아를 통제할 줄 아는 사람은 보이는 원수든 보이지 않는 원수든 외부의 공격에 훨씬 더 잘 대처할 수 있습니다. 책임감 있는 노력과 자유에 대한 열망 속에서 지켜지는 진실한 마음은 미성숙한 자기합리화의 태도를 극복할 수 있는 유일한 길입니다. 이는 세상에서 일어나는 모든 악을 탓하지 않고도 그 속에 머물며, 우리의 인간성을 타인에게 기쁨으로 나눌 수 있게 합니다. 자신을 개선하고자 하는 이 사람은 타인에게 받은 모욕조차 자신의 성장에 활용하여 자기 인식과 인격 성숙을 키워나갑니다. 그는 기쁨과 관대함으로 자신의 세상에서 당당히 걸어갈 수 있습니다. 그렇게 될 때 그는 더 이상 불평하거나 남을 비난하지 않을 것입니다. 대신 책임감 있는 성인으로서 원수 없는 세상을 향해 자신을 선물로 내어주는 수고와 영예를 기꺼이 짊어질 것입니다.

---

30 역자 주: '손아귀에 집어넣는다'를 의도하는 표현이다. 우리말 번역은 어떤 상황을 통제하고 다룰 수 있게 한다는 데 초점을 둔 것 같지만, 라틴어 원문은 "captum tenuerit"이고 이탈리아 본은 "tenuto prigioniero"이며, 이에 대한 직설적 표현은 '죄인을 감옥에 가둔다'로 볼 수 있다.

권고 11

다른 사람의 악행 때문에
무너지지 말 것입니다

¹ 하느님의 종은 죄 외에는 아무것도 못마땅해해서는 안 됩니다. ² 그리고 누가 어떻게 죄를 짓든, 하느님의 종이 이 때문에 사랑이 아닌 다른 이유로 흥분하거나 분개한다면, 스스로 과오를 쌓는 것입니다(참고: 로마 2,5). ³ 어떤 일로 말미암아 분개하거나 흥분하지 않는 하느님의 종이 진정 소유 없이 사는 사람입니다. ⁴ 그리고 "황제의 것은 황제에게 돌려주고 하느님의 것은 하느님께 돌리면서"(마태 22,21) 자기에게 아무것도 남겨 두지 않는 사람은 복됩니다.

가장 먼저 주목할 점은 프란치스코가 「권고」를 시작하면서 형제들에게 사용하는 호칭인 "하느님의 종"이라는 표현입니다. 이후 「권고」 18번부터 이 표현은 단순히 "종"으로 축약되지만, 이 용어는 프란치스코가 형제들에게 전하려는 양성의 핵심을 담고 있습니다. 이는 형제들이 자신의 정체성을 깨닫도록 돕기 위한 것으로, 그들은 하느님의 종으로 부르심 받은 작은 형제이기 때문입니다. 작은 형제는 자신의 부르심을 살아가며 하느님 외에는 다른 기준을 갖지 않습니다. 그는 자신의 존재를 역사의 주인이신 주님께 온전히 봉헌하며, 그분을 섬기는 것을 목표로 삼습니다. 그러나 이러한 근본적인 진리는 구체적이고 명확한 기준이 없이는 단순히 추상적이거나 비현실적인, 육신이 빠진 영성처럼 모호하게 되어버립니다. 그러므로 본문은 이와 관련하여 첫 번째 기준을 제시합니다.

작은 형제가 하느님의 종이 된다는 것은 도움이 필요한 형제를 섬기는 데 자신을 바치는 것을 의미합니다. 사실 프란치스코의 글에는 하느님을 섬기는 방법, 즉 하느님을 직접적인 대상으로 삼아 어떤 종교적 태도나 행위를 바치는 방법을 구체적으로 제시한 바가 없습니다. 오히려 하느님의 종은 하느님의 자녀를 섬김으로써 하느님을 섬기는 사람입니다. 가장 가난한 형제들과 함께 그리스도 안에 드러난 무상적 선물의 감각을 나누고자 노력한 만큼, 그는 하느님과 깊이 연결된 "종교적인"(religiosus, 다시 연결된)[31] 사람으로 살아갑니다. 동시에 프란치스코는 형제들에게 무상으로

---

31 역자 주: 종교라는 단어의 라틴어 어원은 religio인데, "다시(re) + 묶다(ligare)"로 풀이할 수 있다.

봉사함으로써 하느님께 드리는 봉사에 분명한 본보기가 있음을 강조합니다. 그 모범은 바로 아드님이신데, 아버지를 사랑하기 위해 종의 모습을 취하시고, 자신을 타인에게 선물로 내어주신 그리스도의 모습입니다. 형제들 안에서 하느님을 섬기는 것은 바로 아무것도 요구하지 않고 모든 것을 주시며, 우리를 끝까지 사랑하신 그분께 시선을 고정하고 그분을 따르는 것입니다. 요컨대 이미 언급했듯이 작은 형제의 종교 행위는 단순히 섬김의 행위가 아니라 다음의 세 가지 관계 안에서 이루어지는 것입니다. 자신의 정체성, 그리스도 안에 드러난 하느님 사랑의 신비 그리고 형제들의 필요성과 가난이라는 구체적인 현실입니다.

이번 「권고」는 하느님의 종으로 부르심 받은 이가 종교 행위를 어떻게 실천해야 하는지, 특히 형제의 죄라는 어렵고 괴로운 상황에 직면했을 때 어떻게 행동해야 하는지를 다룹니다. 이와 유사한 문제가 이미 「권고」 9번에서 언급되었으나, 그때는 원수의 악의적 태도(교만 혹은 시기)와 관련된 내용이었습니다. 그러나 이번 경우에 죄는 다른 상황을 가리키며, 이는 두 형제 사이의 관계를 배경으로 합니다. 여기에서 한쪽은 책임자(봉사자)의 역할을 맡고 있으며, 다른 쪽은 윤리-도덕적인 어려움에 놓여 있습니다. 이러한 차이에도 불구하고 프란치스코가 제안하는 역설적인 해결책은 같습니다. 죄를 범한 형제를 엄격히 꾸짖거나, 삶의 변화를 촉구하거나 강요하는 데 초점을 맞추지 않습니다. 오히려 책임자인 형제, 곧 봉사자요 종인 자신에게 맡겨진 권위를 올바르게 행사하며, 도덕적 어려움에 놓인 형제를 돕도록 하는 것입니다. 프란치스코가 봉사자에게 요구하는 것은 매우 중대한 책임감을 수반합니다. "다른 형제의 삶이 그대에게 달려있으며, 그 형제의 삶이 그대의 구원 혹은 멸망을 결정할 것입니다."

본문의 첫 구절은 형제가 저지른 죄를 다루기 위해 부르심 받은 형제에게 프란치스코가 제시한 두 가지 대안의 배경을 제공합니다. "하느님의 종은 죄 외에는 아무것도 못마땅해해서는 안 됩니다."(1절) 인간의 삶에 해로운 결과를 가져오는 죄는 봉사자가 참으로 못마땅함을 느껴야 할 유일한 이유이며, 따라서 죄라는 비참하고 굴욕적인 가난에 빠진 형제를 돌볼 의무를 제기합니다.

그러나 프란치스코의 제안에서 가장 중요한 핵심은 이 못마땅함이 진정으로 선하고 복음적인 것이 되려면, 즉 형제의 운명에 온전히 주의를 기울이고 다른 이해관계에 의해 흔들리지 않으려면, 봉사자가 그 상황을 다룰 때 자기 내면에 있는 감정을 주의 깊게 살펴야 한다는 점입니다. 「권고」 9번과 특히 「어느 봉사자에게 보낸 편지」에서와 마찬가지로, 여기에서도 봉사자는 죄인을 대할 때 구체적인 결정을 내리는 것이 먼저가 아닙니다. 오히려 자기 내면으로 들어가 죄인인 형제를 대하는 자신의 마음속에 어떤 감정이 자리 잡고 있는지를 먼저 이해해야 한다고 요청받습니다.

프란치스코는 두 가지 가정을 제시하는데, 하나는 부정적이고

(2절), 하나는 긍정적입니다(3절). 만약 봉사자의 마음에서 죄에 대한 못마땅함이 흥분과 분노로 변하면, 이 경우 형제의 죄는 그에게 죽음의 보물[32]을 쌓게 만듭니다(2절). 보물이라는 이미지는 프란치스코가 봉사자에게 전달하고자 한 핵심 메시지를 이해하기 위한 중요한 단서라고 생각합니다. 형제의 죄를 마주하며 봉사자가 느끼는 흥분과 분노는 "누가 어떻게 죄를 짓든", 즉 죄의 종류나 횟수와 관계없이 그의 진정한 내면을 드러냅니다. 이는 자신의 보물을 위협하는 형제의 죄에 분노하는 소유자, 주인의 태도를 보여줍니다. 소유자는 자기 재산을 위협하는 사람에게 결코 사랑을 품을 수 없습니다. 죄지은 형제의 행동이 자신의 직무 성공을 위태롭게 하고, 봉사자가 선행을 통해 얻고자 했던 영광을 흐리게 한다면, 그는 불안할 뿐만 아니라 자신에게 분노할 권리도 있다고 느낄 것입니다. 이와 같은 주제가 「인준받은 수도규칙」에서 죄지은 형제들의 문제를 다룰 때 반복됩니다. 「인준받은 수도규칙」 제7장의 마지막 부분에서 죄의 상황에 개입하기 위한 법적 문제를 설정한 후 프란치스코는 법 적용의 본질적인 요소를 상기시킵니다. "분노와 흥분은 자신과 다른 사람들의 사랑을 방해하므로, 남의 죄 때문에 화내거나 흥분하지 않도록 조심할 것입니다."(인

---

32 역자 주: 2절에서 "스스로 과오를 쌓는다"로 번역한 원문은 "thesaurizat sibi culpam"으로, 여기에서 사용된 동사가 "보물을 쌓는다"라는 의미다.

준 규칙 7,3) 주인이 터뜨리는 분노는 자신뿐만 아니라 다른 사람의 사랑도 방해합니다. 이는 죄조차도 생명의 자리로 승화시킬 수 있는 인간적인 환경에서 사랑이라는 산소를 제거하는 것입니다. 오직 하느님의 종만이 분노와 흥분에 사로잡히지 않고 사랑을 실천할 수 있습니다. 소유자-주인은 형제들의 어려움과 실패를 인내로 받아들이는 것이 불가능합니다.

　이것이 프란치스코가 봉사자에게 타인의 죄를 복음적으로 다루도록 도우려 던진 질문이었음을 이번 「권고」의 두 번째 부분(3절)에서 확인할 수 있습니다. 여기서 성인은 봉사자가 타인의 죄에 대해 느끼는 못마땅함에 대해 가져야 할 긍정적인 태도의 길을 제시합니다. 자신에게 맡겨진 형제의 인간적, 도덕적 어려움을 돌보면서도 흥분과 분노(두 감정은 타인의 죄에 대한 불쾌감이 점차 심화한 단계)에 빠지지 않는 형제가 바로 "진정 소유 없이 사는 사람"(vivit sine proprio, 3절)입니다. 이 표현은 「수도규칙」의 첫 부분에 등장하는 가난 서원의 공식입니다. 그런데 프란치스코의 글 가운데 이 표현을 다시 사용하는 유일한 본문이 「권고」 11번이라는 점은 놀랍습니다. 형제들은 "소유 없이"(sine proprio, 인준 규칙 1,1) 살 것을 서원하였습니다. 따라서 진정한 가난은 단순히 모든 물질의 재화를 포기하는 것에서 끝나는 것이 아니라 타인에 대한 모든 요구, 심지어 선의의 요구조차도 포기하는 데 있습니다. 권위의 봉사에 부르심 받은 이는 형제들에 대해 자유롭고 가벼운 마음으로 살아가며, 아무것도 요구하지 않으면서 자신의 존재를 기꺼이 무상으로 내어줄 준비가 되어있어야 합니다. 바로 그러한 사람이야말로 참된 작은 형제이자 하느님의 종이며, "복되다"(4절)고 할 수 있습니다.

    이 본문의 결론 부분에서 성인은 봉사자에게 자기 자신을 향한 주의 깊은 여정을 떠나도록 요청합니다. "사랑하는 봉사자 형제여, 타인의 죄는 그대에게 기회가 됩니다. 그대의 영혼에 귀 기울이고, 그 안에 소유자의 영이 있는지 아니면 아무것도 요구하지 않는 무상성으로 인도하는 작은 형제의 영이 있는지 살펴보십시오." 이러한 태도는 보상이나 성과에 기반한 관계에 얽매이지 않는 자유롭고 가벼운 삶, 즉 복된 삶의 원천이자 열매입니다. 따라서 프란치스코에게 형제의 죄는 단순히 형제를 구원하기 위해 봉사자에게 맡겨진 의무일 뿐만 아니라, 복음적 진정성과 자유 안에 머물 소중한 기회를 제공합니다. 형제의 죄는 봉사자에게 "그대 영혼을 위한 은총"(참고: 봉사자 편지 2)으로 다가갑니다. 이 은총은 봉사자가 자신을 더 깊이 이해하도록 돕고, 자기를 더 참된 형제로 변화시키는 계기가 됩니다. 그 결과 봉사자는 모든 괴로운 흥분이나 파괴적인 분노로부터 자유로워질뿐더러, 죄지은 형제가 다시 자유 속으로 돌아오도록 효과적으로 도울 수 있습니다. 그리하여 그는 참으로 복된 자가 될 것입니다.

권고 12

주님의 영을 어떻게 알 수 있는가

¹ 하느님의 종이 주님의 영을 지니고 있는지는 이렇게 알 수 있습니다(cognosci). ² 육은 항상 모든 선을 거스르기에, 주님께서 그 사람을 통하여 어떤 선을 행하실 때, 그의 육이 그 때문에 자신을 높이지 않고, ³ 오히려 자신을 더 비천한 자로 여기며 다른 모든 사람보다도 자신을 더 작은 자로 평가할 때 알 수 있습니다.

우리는 이미 프란치스코의 글에서 형제들을 향한 중요한 전략적 선택이 드러나는 것을 발견했습니다. 우리 삶에서 가장 중요한 것은 세상과 하느님 나라를 위해 긍정적이고도 결정적인 성과를 내놓는 것이 아니라, 우리 마음에 깃든 복음의 정신, 영의 진정성에 있다는 것입니다. 만일 이 영이 없으면 모든 선한 행위는 결국 자신을 속이는 행위로 전락합니다. 형제의 죄를 마주하는 어려운 순간(참고: 권고 11번)뿐만 아니라, 이번 「권고」에서 언급하는 성공의 순간에도 어떻게 우리 마음에 감추어진 진실을 파악할 수 있을까요? 본문에서 핵심이 되는 동사가 자기 자신을 "알다"(cognoscere)라는 것은 결코 우연이 아닙니다. 이는 하느님의 종으로 자신을 인식하는 형제에게 맡겨진 과제이며, 사목적 성공과 성취의 순간에도 그 정체성의 진실을 확인해야만 한다는 것을 의미합니다.

프란치스코가 형제들에게 자신을 알기 위해 제안한 해석학적 도구는 바로 그가 "주님의 영을 지니고 있는지 알 수 있는"(1절) 표징을 파악하는 데 있습니다. 그의 기준은 정상적 논리와 어긋나고, 심지어 복음의 메시지와도 반대되는 듯 보이는데, 참된 하느님의 종을 알아보는 표징이 그가 이루어 낸 좋은 열매에 있다고 보지 않기 때문입니다. 프란치스코가 「권고」 5번에서 언급한 것처럼 많이 아는 것(지식의 영역), 가장 아름다운 모습을 드러내는 것(외적 표현의 영역), 놀라운 업적을 이루는 것(행동의 영역)은 악마도 할 수 있습니다. 그러므로 이러한 행위는 하느님의 종에게 결코 자신의 소유가 될 수 없으며, 오히려 자유를 방해하는 걸림돌이 될 수 있습니다. 결실은 그것이 흘러나오는 마음의 상태를 보증하지 못합니다. 사실 악마는 선을 자기 것으로 소유할 수 없는데, 선은 무상의 선물이기 때문입니다. 그는 이 선을 자기중심적으로 변형하지 않고서는 그 선을 살아낼 수 없기 때문입니다.

그러므로 인간의 행위를 움직이는 영을 이해하기 위해서는 단순히 성취한 업적을 바라보는 것만으로 충분하지 않습니다. 오히려 그 업적을 낳게 한 인간의 감정과 정신적, 영적 힘의 근원으로 거슬러 올라가야 합니다. 프란치스코는 형제들에게 겉으로 보이는 외적 행위에서 눈에 보이지 않는 내적 감정으로 주의를 돌릴 것을 제안합니다. 바로 이 내면의 감정이 자기 영의 진실을 드러내기 때문입니다. 진정 중요한 것은 눈에 보이지 않기 때문입니다. 프란치스코는 같은 선한 행위라도 두 가지 다른 영에서 나올 수 있음을 분명히 알고 있었습니다. 그것은 "육의 영과 주님의 영"(참고: 비인준 규칙 17,11-16)입니다.

육의 영은 선한 행위를 하려는 열망에서 비롯하지만, 그 열망의 동기는 교만과 칭찬 그리고 자기 영광을 추구하는 데 있습니다. "육의 영은 사람들에게 겉으로 드러나는 신앙심과 성덕을 원하고 열망합니다."(비인준 규칙 17,12) 이 영에 사로잡힌 사람은 선한 행위를 통해 자신이 이상적으로 그리는 모습을 선포하고자 하며, 이 행위가 자신의 진실을 증명하고, 타인으로부터 인정과 찬사를 받아야 한다고 생각합니다. 그러나 이러한 방식은 두 가지 거짓에 빠질 위험이 있습니다. 첫째, 하느님의 것을 자기 소유로 하고, 둘째, 자신의 정체성을 행위의 성취와 동일시하면서 자기를 속이는 것입니다. 결국 육의 영은 자신이 비천하고 천박하다고 여기는 상태에서 벗어나기 위해, 즉 자신은 육의 상태보다 훨씬 나음을 주장하기 위해 그 완벽함을 입증하려는 강박에 사로잡힌 상태라고 할 수 있습니다. 이러한 선한 행위는 자신을 고양하고 교만에 빠지려는 절박한 시도를 증명하는 수단으로 보입니다. 이는 육의 한계를 넘어서고 초월하려는 몸부림에 불과합니다.

　반대로 주님의 영은 선한 행위를 자유롭고 무상으로 이루게 합니다. 프란치스코는 이번 「권고」에서 설교하는 형제들에게 권고한 바를 반복합니다. "하느님께서 여러분 안에서 그리고 여러분을 통해서 행하시거나 말씀하시고 이루시는 좋은 말과 일에 대해서, 더 나아가 어떤 선에 대해서도 자랑하지 말고, 스스로 기뻐하지 말며, 마음속으로 자기 자신을 높이지 않도록 하십시오."(비인준 규칙 17,6) 오히려 겸손과 자신의 진실을 유지하며, 자신은 육의 나약함과 연약함을 지닌 존재임을 깨달아야 한다는 것입니다. 프란치스코는 이번 「권고」에서 육의 영이 초래하는 거짓된 소유의 위험에 맞서기 위해 결실과 겸손의 역비례 관계를 보여줍니다. 즉 형제의 결실이 선하고 풍성하며 널리 알려질수록 그는 자신이 비천하고 보잘것없는 존재, 단순한 인간이라는 것을 더욱 분명하고 절실히 자각해야 한다는 것입니다(3절). 이는 그가 앞서 언급한 「수도규칙」의 내용과도 일치합니다. "이와 반대로 주님의 영은 육이 혹독한 단련과 모욕을 당하기를 원하며, 천한 것으로 여겨지고 멸시받고 수치당하기를 원합니다. 그리고 겸손과 인내, 그리고 순수하고 단순하며 참된, 영의 평화를 얻도록 힘씁니다. 그리고 무엇보다도 항상 성부와 성자와 성령의 신성한 두려움과 신성한 지혜와 신성한 사랑을 얻기를 갈망합니다."(비인준 규칙 17,14-16) 프란치스코는 다소 극단적으로 보이는 이러한 말씀을 통해 물질과 육신을 악으로 여기고 멸시하며 싸워야 한다는 카타리파와 같은 부정적 인간학을 제시하려는 것이 아닙니다. 그의 목적은 형제들이 육을 지닌 인간이라는 사실을 깨닫도록 돕는 데 있습니다. 즉 그들이 선한 행위를 하되 그것이 교만의 이유가 되어 정반대로 변질되지 않도록, 곧 우상숭배와 같은 자기기만의 행위로 전락하지 않도록 하기 위함입니다. 만일 선한 행위가 육의 영에서 비롯한 것이라면, 그 행위는 자신이 육에 속하지 않는 특별한 존재라는 것과 육에 속한 타인보다 우월하다는 것을 증명하려 합니다. 그러나 이는 죽음의 행위로 변질되는데, 선한 행위를 하는 자기 자신을 속이고 비교와 다툼의 원인이 되기 때문입니다. 그러나 선한 행위가 주님의 영에서 비롯하였다면 그 결실은 타인을 위한 선물이자 섬김으로 남게 됩니다. 주님의 영은 인간이 육의 존재라는 진실에 반대하지 않으며, 오히려 이 조건을 기쁨과 평화로 수용하도록 도와줍니다. 또한 세상의 주인이신 분께서 우리를 위해 사랑과 자유로 육을 취하셨고, 종이 되셨다는 것을 상기시켜 줍니다. 이것이 참으로 선한 행위이며, 주님의 영이 우리를 거짓에서 해방하여 우리의 육을 주님 영의 사건으로 변화시키는 거룩한 행위입니다. 우리가 주님의 영으로 풍요로워지고 완성되어야 할 우리 육의 가난을 인식하면, 우리의 선한 행위는 타인을 부유하게 만드는 도구가 될 수 있습니다.

권고 13

인내

¹ 하느님의 종은 자기가 만족스러워 할 때에는 자기에게 어느 정도의 인내심과 겸손이 있는지를 알 수 없습니다. ² 그러나 자기를 만족스럽게 해야 할 바로 그 사람들이 자신을 반대하는 순간이 왔을 때, 그 때에 지니고 있는 만큼의 인내와 겸손을 지니고 있는 것이지 그 이상을 지니고 있는 것이 아닙니다.

하느님의 종은 인내와 겸손에 뿌리를 두기에 분노와 흥분으로부터 자유롭게 사는 사람입니다(권고 11번). 프란치스코에게 악습과 덕은 서로 대조를 이루는 두 쌍으로 나타납니다. 이는 「권고」 27번에서 분명히 드러납니다. "인내와 겸손이 있는 곳에 분노와 동요(흥분)도 없습니다."(권고 27,2) 나아가 이 두 덕은 형제들이 반드시 지녀야 하는데, 하느님의 본성을 드러내기 때문입니다. "당신은 겸손이시나이다. 당신은 인내이시나이다."(하느님 찬미 7) 그래서 프란치스코에게 "주님의 영과 그 영의 거룩한 활동을 마음에 간직하는 것"(인준 규칙 10,8)은 "박해와 병고에 겸허하고 인내하는 것"(인준 규칙 10,9)을 의미합니다. 따라서 분노와 흥분이 소유자-주인에게 속하는 것이라면, 인내와 겸손은 하느님 종의 정체성을 구성하는 두 가지 핵심 요소입니다. 이 덕을 통해 하느님의 종은 자신이 살아가는 삶의 올바른 시간과 공간을 발견합니다. 이는 아버지와 관계 그리고 궁극적으로 형제와의 관계 속에서 이루어집니다. 그는 자신이 흙으로 빚어진 존재임을 받아들입니다. 즉 연약하고 모순적인 육으로 이루어진 겸손의 공간에 자리 잡은 존재임을 인정하는 것입니다. 또한 그는 하느님의 시간이 찾아올 것을 기다리는 용기가 있습니다. 오늘의 사건들로 인해 미래가 부정당하는 것처럼 보일지라도, 그는 내일을 향해 열려있는 마음으로 인내합니다. 겸손과 인내를 통해 용기를 얻은 하느님의 종은 예수님의 발자취를 따를 수 있습니다. 그는 자신이 밟고 있는 미천한 땅(흙)의 모호함을 받아들이며, 섭리로부터 다가올 내일을 기다립니다.

그러나 프란치스코가 이번 「권고」에서 다루는 문제는 하느님의 종이 지녀야 할 두 가지 덕이 무엇인지 정의하는 게 아닙니다. 오히려 이 두 덕이 그 사람 안에 실제로 있는지, 아니면 단지 자랑하기 위해 외적으로만 드러내는 것인지 알아보는 것입니다.

이 근본적인 질문에 답하기 위해 프란치스코가 형제들에게 제시한 해석학적 방법은 매우 간단합니다. 그들은 자신의 삶을 '만족-강함-성취' 혹은 '불만족-약함-배반'이라는 두 가지 상반된 상황으로 이끄는 요인에 주의를 기울여야 합니다. 그리고 프란치스코는 보통 사람들이 첫 번째 조건을 바라고 두 번째 조건을 두려워하며 회피하는 일반적인 논리를 완전히 뒤집습니다. 성인은 삶이 기대와 약속을 배반하는 것처럼 보이는 순간이야말로 자기 자신을 알고 진리에 도달하기에 가장 좋은 조건이라고 보는 것입니다. 실제로 그는 "하느님의 종은 자기가 만족스러워 할 때에는 자기에게 어느 정도의 인내심과 겸손이 있는지를 알 수 없습니다"(1절)라고 말합니다. 프란치스코가 「권고」에서 말하는 만족은 형제들이 서로 존중과 존경을 주고받는 모든 태도와 관련이 있습니다. 만족은 자신의 삶을 존엄하고 건강하게 유지하는 데 필요한 영혼과 육신의 양식입니다. 그러나 프란치스코는 모든 이에게 마땅한 것을 제공해야 하는 이러한 정당한 상황에서도 자신에 대한 진리에 도달하지 못하거나, 나아가 자신이 겸손하고 인내심 있는 하느님의 종이라는 착각이나 자기기만에 빠질 수 있다고 경고합니다. 실제로 이러한 유리한 상황에서는 모든 것이 평온하게 흘러가기 때문에, 이토록 귀하고 심오한 덕인 인내와 겸손을 시험하거나 발휘할 필요가 없습니다. 요컨대 삶이 만족스러운 상황에서는 하느님의 종으로서의 정체성이 얼마나 분명하고 진실한지 확인할 동기가 발생하지 않는 것입니다.

    자기 존재의 주춧돌이 되는 심오하고 궁극적인 진리에 도달하기 위한 가장 좋은 조건은 프란치스코가 제시한 두 번째 상황에서 찾을 수 있습니다. 즉 삶에 만족하지 못하고, 마땅히 받아야 할 것을 얻지 못하는 부당함을 경험할 때입니다. 이번 「권고」의 두 번째 부분은 흥미로운 구조가 있습니다. 여기서 프란치스코는 의도적으로 인간에게 가장 비극적이고 어려운 순간이 무엇인지 강조합니다. 그것은 "자기를 만족스럽게 해야 할 그 사람들이 자신을 반대하는 순간이 왔을 때"(2절)입니다. 삶에서 가장 마음 아픈 순간은 바로 우리에게 사랑의 양식을 주어야 할 형제들로부터 배신이라는 부당함을 겪을 때입니다. 이러한 순간에는 삶의 질서와 내가 존재할 당위성과 의미가 퇴색하고 완전히 전복되어, 삶의 연약함과 모순이 적나라하게 드러납니다. 실존의 배신 앞에서 인간은 자신의 근본적이고 구조적인 가난, 즉 타인에 대한 절대적 필요성을 체험하게 됩니다. 그는 옆에 있는 사람에게서 비록 불완전하지만 무상의 형태로 제공되는 그들의 사랑에 의존해야만 하는 자신의 연약함을 온전히 체험합니다. 프란치스코는 오직 이러한 가난의 상황에서만 하느님의 종이 자기 마음의 진실성, 즉 인내와 겸손이 자기 안에 얼마나 자리하고 있는지를 진정으로 이해하고 가늠할 수 있다고 하는 것입니다.

삶이 제공하는 두 가지 가능성을 통해 진리에 이르는 두 가지 길을 제시하는 이 본문은 프란치스코의 자전적 비유인 「참되고 완전한 기쁨」을 예고합니다. 그 겨울밤, 프란치스코는 형제들로부터 마땅히 받아야 할 만족, 즉 포르치운쿨라에서 기쁘게 환영

받을 권리가 있었습니다. 하지만 그에게 문을 열어주어야 할 바로 그 사람들이 그를 거부합니다. "썩 물러가거라. 어리석고 무식한 것아, 두 번 다시 우리에게 오지 말아라. 우리는 이제 사람들도 많고 훌륭한 사람들도 많으니, 너는 필요 없어! […] 십자가 수도회로 가서 부탁해 봐"(참 기쁨 11;14) 삶의 배신은 언제나 갑작스럽게 찾아옵니다. 특히 형제들의 닫힌 마음과 배신에서 비롯할 때 그 비극은 부당한 고독과 절망을 강요합니다. 이 글의 결론은 열려있는 이 하나의 질문으로 표현됩니다. "이러한 경우 만약 내가 인내를 가지고 마음의 평정을 잃지 않는다면, 바로 여기에 참된 기쁨이 있고 또한 참된 덕도 영혼의 구원도 있다고 나는 형제에게 말합니다."(참 기쁨 15) 그 닫힌 문은 프란치스코에게 또 다른 열려있는 질문을 던지는 것이었습니다. "너 프란치스코는 마음의 인내와 겸손으로 이 사건을 기꺼이 받아들이는 형제인가? 아니면 자기 지배력을 잃고 분노와 흥분에 사로잡힌 주인인가?" 그날 밤, 프란치스코는 자기 내면에서 무엇을 발견했을까요? 우리도 분명 같은 경험을 하면서 살아갑니다. 고통스럽고 비극적인 사건이 우리가 무언가가 되기 위해 애써 쌓아 올린 모든 것을 한순간에 휩쓸고 간 뒤에야, 우리는 비로소 나 자신에 대한 심오한 진실을 엿보게 됩니다. 그것은 하느님의 연약한 종임을 받아들이는 마음의 인내와 겸손이거나 혹은 좌절을 받아들이지 못하는 교만한 자의 분노와 흥분일 수 있습니다.

권고 14

영의 가난

¹ "행복하여라, 영으로 가난한 사람들! 하늘나라가 그들의 것이다." ² 여러 가지의 기도와 일에 열중하면서 자기 몸에 많은 극기와 고행을 행하지만, ³ 자기 육신에 해가 될 것 같은 말 한마디에, 혹은 자기가 빼앗길 것 같은 그 무엇에 걸려 넘어져 내내 흥분하는 사람들이 많습니다. ⁴ 이런 이들은 영으로 가난한 사람들이 아닙니다. 진정 영으로 가난한 사람은 자기 자신을 미워하고, 자기 뺨을 치는 사람들을 사랑하기 때문입니다.

「권고」 14번을 시작으로 "~한 종은 복됩니다"라는 주제가 전개되며, 중요한 인간학적 질문을 제기합니다. 인간이 자신의 인간성을 참으로 실현하고 참된 행복에 도달하기 위해 선택할 길은 무엇일까요? 이번 「권고」와 이어지는 두 개의 「권고들」은 특별히 마태오 복음에서 인용한 세 가지 구절로 시작합니다.

「권고」 14번: "행복하여라, 영으로 가난한 사람들!"(마태 5,3)

「권고」 15번: "행복하여라, 평화를 이루는 사람들!"(마태 5,9)

「권고」 16번: "행복하여라, 마음이 깨끗한 사람들!"(마태 5,8)

이 세 본문의 배열은 매우 독특합니다. 마태오 복음에 나오는 다른 다섯 가지 참 행복 선언이 빠져있을뿐더러, 일곱 번째 선언(권고 15번)과 여섯 번째 선언(권고 16번)의 순서가 바뀌어 있습니다. 이러한 본문의 특징을 설명하기는 어렵지만, 「권고」 14번은 이후 「권고들」의 마지막까지 이어지는 하나의 연속된 흐름의 서두를 형성합니다. 여기에서 프란치스코의 인간관이 더욱 분명하게 드러납니다. 그는 형제들이 복음의 제시와 그리스도께서 실현하신 인간성의 모범에 따라 삶의 진정한 근원에 도달하도록 구체적이고 실질적인 도움을 제공하려 합니다.

이번 본문은 프란치스코의 또 다른 놀라운 지혜가 담겨있습니다. 그는 형제들이 마음속 깊은 곳에 자리한 진리에 도달하도록 도우려 합니다. 하지만 참된 행복으로 가는 확실한 길은 자기 자신에 대해 무참할 정도의 정직성을 갖추어야 함을 보여줍니다. 우리가 하느님의 신비에 참여하고 있음을 보여주는 선 가운데는 기도가 포함되며, 육신의 극기와 고행도 포함됩니다. 그런데 본문의 표현 방식이 흥미롭습니다. 프란치스코는 하느님께 도달하려고 "열중하는 사람들"(2절)을 묘사합니다. 이들은 상당한 시간을 들여 자기 육신을 엄격히 통제하며, 이런 방식으로 하느님을 기쁘게 하는 영의 가난을 얻고자 희망합니다. 기도와 극기는 하느님께 자신을 완전히 봉헌한 삶의 명백한 증거로 볼 수 있습니다. 이를 실천하는 사람은 하느님의 사람, 혹은 하느님의 종으로 여겨집니다.

하지만 정말로 그렇습니까? 어떻게 이를 증명할 수 있겠습니까? 이러한 종교 행위가 그 사람을 영으로 가난한 사람으로 만든다고 단언할 수 있을까요? 다시 말해, 그가 하느님의 현존에 인도되어 가볍고 자유로운 삶을 살고, 타인을 향한 자비로 열려있다고 어떻게 확신할 수 있겠습니까? 이러한 종교적 수행이 그 행위를 생겨나게 한 근원을 보장한다고 할 수 있을까요? 이러한 행위가 흘러나온 영은 진정으로 가난하고 인간적인 것입니까? 아니면 이 모든 것이 또 다른 진실을 가리는 것은 아닙니까? 이는 쉽게 답할 수 없는 도전적인 질문입니다. 이러한 질문을 풀어내기 위해서는 대조의 방법이라는, 마음속 가장 깊은 곳에 도달할 수 있는 유일한 길이 필요합니다.

앞선 「권고」 13번과 마찬가지로, 프란치스코는 우리 내면 깊은 곳에 실제로 무엇이 자리하는지를 드러내기 위해 우물에 돌을 던지는 방법을 사용합니다. 하지만 이번 「권고」에서 그는 대조의 방법으로 큰 바위를 사용하는 대신 작은 조약돌을 던집니다. 이 조약돌은 겉으로는 평온하고 안정적으로 보이며 영적인 가난으로 가득 찬 듯 보이는 마음의 표면을 깨뜨립니다. 그 결과는 전혀 예상하지 못했던, 기대와는 아주 다른 진실이 드러납니다.

본문의 구성은 매우 흥미롭습니다. 2절에서 언급한 여러 가지 노력은 3절에서 드러나는 전혀 평화롭지 않은 마음과 대조를 이루며, 그 진실이 쉽게 폭로됩니다. 또한 신심 깊은 형제가 하느님께 바친 수많은 말(기도)은 "자기 육신에 해가 될 것 같은 말 한마디"(3절)와 대조됩니다. 이 "말 한마디"(3절)는 그가 드린 모든 말(기도)을 무효로 하기에 충분합니다. 마찬가지로 모든 것을 포기하고 선택한 극기와 고행의 삶도 예외는 아닙니다. 타인에게 부당하게 빼앗겼다고 여겨지는 작은 것 하나만으로도 그는 "걸려 넘어져 내내 흥분하게"(3절) 되는 데 충분합니다.

본문을 해설하기에 앞서, 하나의 본문을 대조하는 것도 좋습니다. 「참되고 완전한 기쁨」에서 묘사된 프란치스코와 문지기 형제 사이의 복잡하고 역동적인 관계와 「권고」 14번에서 단 한마디의 말에 쉽게 분노하는 형제의 모습이 대조됩니다. 「참되고 완전한 기쁨」의 경우, 매우 어렵고 절망적인 상황 속에서도 프란치스코는 문지기 형제와 대화를 이어가려고 거듭 노력합니다. 그러나 프란치스코의 이러한 지속적인 노력에도 불구하고 문지기 형제는 수도원 문을 열어주지 않겠다는 완고한 결정을 굽히지 않습니다. 프란치스코는 이러한 상황에서, 즉 닫혀있는 문 앞에 머물며 인내하는 것이 참된 기쁨이라고 결론을 내립니다. 반면 이번 「권고」에서는 오랫동안 종교적 실천과 금욕적인 삶을 이어온 형제,

곧 오래도록 선한 행위를 해 온 사람이 등장합니다. 하지만 그는 단 한마디의 말, 그저 자신에게 모욕적으로 들린 말 한마디로 인해 즉시 분노에 휩싸입니다.

무엇이 문제였을까요? 그 종교적인 사람의 마음속에서 억제할 수 없고 즉각적으로 터져 나온 분노는 그가 지닌 무자비하고 비극적인 진실을 드러냅니다. 그는 자신의 종교적 실천을 통해 영의 가난을 얻고자 한 것이 아니었습니다. 즉 삶의 예기치 않은 상황에서도 자신을 내어주고, 타인의 다름에도 흔들리지 않는 개방성에 머물고자 신앙 행위를 한 것이 아니었습니다. 그는 자신의 노력으로 인해 거룩한 사람으로 존경받고 인정받기를 원한 것입니다. 타인보다 더 높은 위치에 있고, 특별한 존재로 인정받길 바라며, 이러한 명예와 위신을 자신의 노력에 대한 보상으로 기대하고 열망한 것입니다.

그의 분노는 이를 다시 한번 증명합니다. 그는 인정받지도, 존경받지도, 영예를 얻지도 못했다는 느낌에 사로잡혀 내면에서 분노가 타오릅니다. 우물에 던져진 작은 조약돌은 그가 진정 영으로 가난한 사람이 아니라 인간성이 부족하고, 종교적 자부심만 강한 사람임을 드러냅니다. 열성과 실천으로 가득 찼던 그의 종교적 삶은 실제로 아무런 효과를 발휘하지 못했습니다. 결국 그의 종교적 행위는 귀한 하느님을 교환 상품으로 사용하여, 자기 삶에서 이익을 얻으려는 방법에 지나지 않았던 것입니다. 조금은 부당하고 비판적인 이 작은 조약돌은 그의 인격에 닿아 커다란 바위로 변합니다. 이 바위는 그의 거짓된 영적 자만을 깨뜨리고, 비극적이면서도 예상치 못했던 진실을 드러냅니다.

 프란치스코는 종교적 행위가 육의 가난으로 측정되지 않는다면, 즉 그 행동에 담긴 열망의 진정성을 증명할 수 없다면 진실하지 않다고 말합니다. 종교적 행위가 원수를 사랑하고, 삶을 온순하고 관대하게 받아들이는 데 도움이 되지 않는다면 아무 소용이 없습니다. 하느님께서는 우리 신앙의 노력이 필요하지 않습니다! 그 노력은 하느님을 위한 것이 아니라 우리 자신을 위한 것입니다. 그것은 우리가 더 인간적인 사람이 되고, 분노와 폭력에 휩싸이지 않은 채 형제로 남을 수 있도록 돕는 것입니다. 따라서 이 행위의 척도는 하느님 안에서 찾을 것이 아니라, 아무것도 요구하지 않고 가난을 받아들이려는 우리의 인간성 안에서 찾아야 합니다. 기도가 우리를 하느님의 특별한 사람으로 만들어, 오히려 평범한 사람을 멸시하는 위험을 지녀서는 안 된다고 프란치스코는 말합니다. 대신 기도는 우리를 결정적이고도 완전하게 인간적으로 만드는 도구여야 합니다. 이는 인간이 되신 그리스도에게서 실현된 방식 그대로입니다. 프란치스코의 이러한 가르침에 대한 하나의 좋은 해석은 시몬 베유 Simone Weil의 인상적인 말에서 찾을 수 있습니다. "수도 생활 혹은 더 일반적으로 영적인 생활의 가치는 이 지상에 있는 사물에 조명된 빛으로 평가됩니다. 육적인 것은 영적인 것의 척도입니다. […] 영적인 것만이 참된 가치를 지니지만, 육적인 것만이 그 존재를 검증할 수 있는 유일한 척도입니다. 그러므로 영적인 것의 가치는 육적인 것에 조명된 빛을 통해서만 볼 수 있습니다."[33]

33　역자 주: 원문에는 출처에 대한 언급이 없으나, 저자가 언급하는 시몬 베유 (1909-1943)는 20세기 프랑스의 철학자이자 신비주의자를 말한다. 시몬 베유는 좌파계 지식인으로 처음에는 사회주의와 노동운동에 관심을 가졌으나, 일련의 종교적 체험으로 점차 종교적이고 신비주의적인 것에도 관심이 확장되었다고 한다. 그녀의 종교적 체험에는 아씨시 순례도 영향을 주었다고 한다.

권고 15

평화

¹ "행복하여라, 평화를 이루는 사람들! 그들은 하느님의 자녀라 불릴 것이다." ² 이 세상에서 어떤 일을 겪더라도(qui de omnibus que in hoc seculo patiuntur) 우리 주 예수 그리스도의 사랑 때문에(propter amorem) 마음과 몸에 평화를 간직하는 사람들이 진정 평화의 사람들입니다.

프란치스코는 여기서도 대조의 방법으로 해석하며 접근합니다. 진정 평화의 사람은 단지 몸과 마음의 평화를 간직하는 데 그치지 않고 삶의 역경[34] 속에서도, 즉 반대되는 상황을 견뎌야 할 때도 평화를 유지하는 사람입니다. 그러나 이것만으로 진정 평화

---

34 역자 주: 이번 권고 본문에는 아래에 반복되는 '역경'이라는 말이 직접 등장하지는 않지만, 2절에서 patiuntur로 사용된 동사가 '고난, 역경을 견디어 낸다'라는 뜻을 가지고 있다.

로운 사람이 누구인지 충분히 설명할 수 없습니다. 프란치스코는 겉보기에 부차적인 설명처럼 보이지만, 사실 본문의 핵심을 이루는 또 다른 요소를 제시합니다. 참으로 평화로운 사람은 모든 역경을 "우리 주 예수 그리스도의 사랑 때문에"(propter amorem, 2절) 견디는 사람입니다. 제 생각에 이 문구는 성인의 가르침에 대하여 두 가지 근본적인 측면을 드러냅니다.

첫째, 프란치스코가 말하는 역경은 단지 우연히 발생하거나 권력과 지배를 위한 싸움에서 패배한 결과로 생긴 것이 아닙니다. 오히려 이는 "예수 그리스도의 사랑 때문에" 발생하는, 마음의 진실성을 시험하고 검증하는 좋은 역경입니다. 이는 삶에서 선택의 결과로 나타나는 게 분명합니다. 작은 자의 삶을 선택하고 하느님께 자신의 삶을 맡긴 이들은 복음을 진실하고 신뢰할 수 있는 것으로 만들고자 권력과 지배의 논리를 포기하였습니다. 이러한 선택은 필연적으로 그리스도를 따르는 이들을 박해로 이끕니다. 예수님을 본보기로 삼고 그분과 함께 마음의 가난, 온유함, 의로움에 대한 갈망을 따르려는 사람들은 자비를 증언하고, 깨끗한 마음을 유지하며, 평화를 이루고, 의로움 때문에 박해를 받아들이는 삶(마태 5,3-10)을 지향합니다. 이러한 삶은 필연적으로 역경을 경험하게 됩니다. 예수님의 사랑 때문에 그들 삶의 방식은 모욕과 박해 그리고 온갖 사악한 말을 견디는 상황(마태 5,11)을 초래할 수밖에 없습니다. 이러한 삶은 세상 속에서 그들을 이 땅의 "빛과

소금"(마태 5,13-14)으로 만들겠지만, 동시에 그리스도를 따름으로써 피할 수 없는 역경과 고난을 감내하도록 요구합니다.

평화를 이루는 삶으로 부르심 받은 이들에게 그리스도의 사랑이 차지하는 역할은 첫 단계에서 두 번째 단계에 이르게 합니다. 형제들이 마주하게 될 역경은 그들이 받아들였다고 고백한 주님 삶의 방식이 자신 안에 얼마나 진실하게 구현되는지 시험할 기회가 됩니다. 더 나아가 형제들은 모든 것을 평화롭게 "견디기"(pati) 위해 역경으로 인한 추문이나 동요, 복음적 선택에서 멀어질 위험을 피하고자 더욱 굳건히 그리스도께 의지해야만 합니다. 오직 "예수 그리스도의 사랑 때문에" 그들은 이러한 삶의 방식을 유지할 수 있고, 처음부터 예상한 어려움의 결과를 평화 속에서 받아들일 수 있을 것입니다. 따라서 이러한 사건들은 단순히 주님께 대한 사랑이 얼마나 참되고 진실한지를 평가하는 데 그치지 않고, 그 사랑을 더 깊이 뿌리내리게 하며, 마음의 평화를 위한 투쟁에서 변치 않는 기준으로 삼게 합니다. 오직 가난하고 온유하며 자비롭고 정의를 사랑하면서 십자가에 이르기까지 당신 삶의 선택을 고수하신 그분의 얼굴을 바라보는 것만이, 작은 형제에게 자기 십자가를 견딜 수 있도록 돕습니다. 즉 매일 그 십자가를 어깨에 짊어지고, 그 모범을 따르도록 힘을 주는 것입니다.

오직 주님의 사랑에 뿌리를 내림으로써만 그는 "마음과 몸에 평화를 간직할 수" 있습니다. 그러나 이 평화는 고통을 겪으면서도 초연한 태도를 유지하는 스토아 철학자나 초인과 같은 태도가 아닙니다. 프란치스코가 말하는 평화는 당신 자신을 내어주시는 분께 참여하여 그분 삶의 방식에 내어 맡길 수 있는 능력입니다. 하느님의 아드님께서 몸과 마음의 평화를 얻으신 이유는 그분이 고통을 초월하거나 무감각했기 때문이 아닙니다. 오히려 그분은 자신의 연약함 속에서도 끝까지 당신 자신을 내어주셨으며, 순종의 가장 확실한 표현으로 십자가에 못 박히는 것을 받아들이셨기 때문입니다. "예수님께서는 이 세상에 계실 때, […] 큰 소리로 부르짖고 눈물을 흘리며 기도와 탄원을 올리셨습니다. […] 예수님께서는 아드님이시지만 고난을 겪으심으로써 순종을 배우셨습니다."(히브 5,7-8) 평화는 자신을 내어 맡긴 채 머무는 데서 오는 결과이며, 선택한 길에서 비롯하는 역경에 의해 동요하거나 분노하거나 반항하지 않는 것입니다. 마음의 평화는 자신이 누구에게 속하는지 아는 데서 비롯하며 이를 통해 자비와 정의, 온유의 사람으로 변화하고 그렇게 살아가게 됩니다. 평화란 그분의 모범을 따르는 자유와 끈기이며, 그분이 모든 전쟁과 폭력을 이길 수 있는 유일한 희망임을 확신하는 것입니다. 평화를 앗아가는 가장 근본적이고 거대한 역경인 죽음을 극복하기 위해, 세상을 구하려고 당신을 내어주신 그분께 우리의 몸과 마음이 연결될 때 전쟁과 폭력은 먼저 우리 안에서 패배하게 됩니다. "그분께서 완전하게 되신 뒤에는 당신께 순종하는 모든 이에게 영원한 구원의 근원이

되셨습니다."(히브 5,9)

본문의 결론 부분에서 마지막으로 주목할 점은 다음과 같습니다. "주님의 사랑 때문에 마음과 몸에 평화를 간직하는 평화의 사람들"은 복되다는 것입니다. 프란치스코에 따르면, 그리스도는 그리스도교의 인본주의 실현을 가능하게 하는 분입니다. 이는 그리스도에 대한 사랑 때문에 사람들이 모든 역경 속에서도 평화를 살아낼 수 있기 때문입니다. 그리스도 안에서 복된 사람은 몸과 마음을 포함한 전체로서 복된 존재입니다. 이 표현은 이미 언급한 바와 같이 프란치스코가 자신의 「유언」에 남긴 마지막 기억에도 등장합니다. 그는 나병 환자들과 함께한 은총 체험에서 자신에게 일어난 변화를 이렇게 고백합니다. "그들에게서 떠나올 무렵에는 나에게 쓴맛이었던 바로 그것이 도리어 몸과 마음의 단맛으로 변했습니다."(유언 3) 이 경우에도 단맛과 평화는 인간 존재의 가난과 모순 속에서 이루어진 여정의 열매이며, 이는 인간 전체소시, 곧 몸과 마음 모두와 관련됩니다. 이러한 평화와 단맛은 인간 존재를 구성하는 모든 부분에 영향을 미치며, 그 삶의 체험을 새롭고 쇄신된 것으로 만듭니다. 두 경우 모두, 즉 이번 「권고」에서 언급된 역경을 받아들이는 것이든, 「유언」에서 나병 환자의 운명을 함께 나누는 것이든, 그 최종 결실은 주변 세상의 변화가 아니라 자신에 대한 새로운 인식과 세상에서 자신을 바라보는 새로운 방식입니다. 프란치스코가 말하는 이러한 수용(역경)과 나눔(나병 환자)

은 세상의 갈등을 해결하거나 나병 환자의 운명을 바꾸는 데 있지 않습니다. 대신에 복음의 논리에서 회개의 최종 단계로 마음과 몸의 평화와 단맛이 은총으로 주어집니다. 이 과정은 생애 끝까지 지속하지만, 매번 이를 다시 받아들여 살아갈 때마다 자신에 대한 새로운 앎과 맛을 선사합니다. 평화와 단맛이신 그분을 따르는 삶으로 회개하는 모든 행위는 인간의 마음과 정신에 삶의 새로운 의미와 깊은 맛을 줄 것입니다.

권고 16

마음의 깨끗함

¹ "행복하여라, 마음이 깨끗한 사람들! 그들은 하느님을 볼 것이다." ² 진정 마음이 깨끗한 사람들은 지상의 것들을 멸시하고(despiciunt) 천상의 것들을 찾으며, 살아 계시고 참되신 주 하느님을 깨끗한 마음과 정신으로 항상 흠숭하고(adorare) 바라보는 일을 그치지 않는 사람들입니다.

프란치스코가 전체 「권고들」에서 추구하는 주요 목표를 마음의 깨끗함으로 정의하고, 여기에 정신의 깨끗함을 덧붙여 설명해도 무리가 없습니다. 이러한 마음과 정신의 깨끗함은 두 가지 방향으로 나아간다고 볼 수 있습니다. 첫째는 자기 마음 안에 있는 것을 그대로 바라보는 명확성과 그에 대한 인식이며, 둘째는 인간의 가장 심오한 갈망을 채우고 그 질문에 답할 수 있는 유일하신 분과의 단순하고 진실한 참여입니다.

첫 번째 측면을 살펴보겠습니다. 「권고들」을 통해 프란치스코는 형제들이 자신을 명확히 이해하도록 도우려 합니다. 이는 자신이 어떠하다고 주장하는 것과 실제로 어떠한지를 비교하면서 자기기만을 폭로하는 과정입니다. 이 단계에서 마음의 깨끗함은 자기 인식 능력을 의미하는데, 이를 통해 인간은 자기 존재를 있는 그대로 보면서 자신의 심리적이고 영적인 기제를 드러낼 수 있습니다. 이 구조는 형제들이 종이라 부르는 자신의 정체성에 불협화음을 일으키는 요소, 즉 '주인-소유자'가 되고자 하는 욕망과 유혹이 덧붙여졌을 가능성을 드러냅니다.

마음의 깨끗함의 두 번째 측면은 하느님 신비에 대한 단순하고 진실한 참여와 관련이 있습니다. 이를 통해 인간은 자신을 둘러싼 사물과 새롭고 깨끗한 관계를 맺게 됩니다. 프란치스코는 이러한 참여와 마음의 깨끗함의 연관성을 구체화하기 위해 「권고」 16번에서 두 가지 대조적인 동사를 사용합니다. "지상의 것을 멸시하다(despicere)"와 "주님을 항상 흠숭하고(adorare) 바라보다"입니다(2절). 멸시한다와 흠숭한다는 육화의 영성과 무관하게 세상에 대한 도피를 통해 마음의 깨끗함을 이루는 것으로 해석해서는 안 됩니다. 특히 멸시한다라는 표현은 프란치스코가 카타리파의 사상과 비슷하게 이 세상 현실 자체를 악한 것으로 바라보면서 세상에 대하여 일반적이고 절대적인 단죄를 드러내려는 뜻에서 사용한 게 아닙니다. 만약 그랬다면, 피조물의 아름다움으로 하느님께 찬미를 드리는 「태양 형제의 노래」가 어떻게 그의 마음에서 탄생하였는지 설명할 수 없을 것입니다. 오히려 프란치스코가 말하는 지상 것에 대한 멸시는 이 세상과의 관계가 그 주인이신 하느님과의 관계에 비해 본질적으로 비대칭적임을 드러냅니다. 이러한 비대칭성을 인식하는 것이 바로 하느님을 흠숭하며 살아가는 것입니다. 하느님은 마음과 정신이 추구하는 궁극의 의미로 인식되며, 세상 안에서 마음과 정신이 정당하게 놓여야 할 자리를 규정하는 답변이 됩니다. 이런 맥락에서 프란치스코의 시각에는 세상에 대한 멸시와 하느님께 대한 흠숭 사이에 두 가지 상호 움직임이 있다고 할 수 있습니다. 이는 '세상에서 하느님으로' 그리고 '하느님에서 세상으로' 나아가는 움직임입니다. 주님을 흠숭한다는 것은 무엇보다도 피조물을 사다리로 만들어서 인간의 마음을 참으로 만족하게 하시는 유일한 분께 돌아가는 길을 발견하는 것입니다. 하지만 이는 또한 세상으로 돌아가 그 안에서 소유와 지배라는 마음의 욕망을 벗어나서 그분의 얼굴을 섬기는 삶을 사는 것을 의미합니다.

요약하자면 만물의 유일한 주님이신 하느님을 인식하고 그분을 흠숭하는 것만이 인간에게 깨끗한 마음을 갖게 하고, 지상 사물로부터 자유로워지는 길을 열어줍니다. 이러한 깨끗한 마음을 통해 세상 사물은 지혜로 가는 길이 되며, 더 나은 세상을 위한 헌신의 공간으로 변모하게 됩니다. 깨끗한 마음은 이 유일한 원칙, 곧 하느님을 유일한 주인으로 인식하고 흠숭하는 인간에게 주어집니다. 이 원칙은 모든 사물과 사건의 다양성을 정리하고 조율하며, 시작점이자 목적지가 됩니다. 이 원칙을 통해 인간은 지상 것의 주인으로 변하지 않으면서도 현실을 사랑하고 섬길 수 있게 됩니다. 세상의 주님께서 인간 마음의 주인이 된다면, 그 마음은 진실하고 깊은 친교를 통해 일치를 경험하며, 그 결과로 깨끗해집니다. 주님을 흠숭한다는 것은 주변 사물을 멸시하거나 회피하려는 마음을 품는 것이 아닙니다. 오히려 만물의 근원이자 의미가 되는 창조주 안에서 피조물을 재배치하고 바라보기 때문에 각 피조물에 대한 정당한 자리와 본연의 아름다움을 발견하게 되는 것을 의미합니다.

프란치스코는 다른 글에서도 깨끗한 마음과 정신에 대해 언급하며, 형제들이 세상의 걱정과 근심에 지나치게 몰두하면 하느님과의 진정한 관계를 잃게 될 위험이 있음을 경고합니다. "그러므로 하느님이신 거룩한 사랑 안에서(참고: 1요한 4,16), 나는 봉사자들뿐만 아니라 다른 모든 형제에게 부탁합니다. 온갖 장애를 멀리하고 모든 근심 걱정을 물리쳐 할 수 있는 최선의 방법으로 무엇보다도 주 하느님께서 요구하시는 일, 즉 그분을 깨끗한 마음과 순수한 정신으로 섬기고 사랑하며 공경하고 흠숭하도록 하십시오."(비인준 규칙 22,26) 깨끗한 마음과 정신을 정의하는 것은 그것이 어디에 속하는지, 더 나아가 어디에 머물고 있는지에 대한 질문과 밀접하게 연관됩니다. 인간의 마음과 정신은 그가 누구인지를 표현하며, 인간은 마음과 정신 안에 자리한 욕망과 갈망에 참여하며 살아갑니다. 만약 인간의 마음과 정신이 세상의 근심과 걱정으로 향하고 그것을 자신의 의미와 목적으로 삼는다면, 하느님에 대한 기억은 사라지고 세상을 바라보는 눈은 어두워질 것입니다. 그 결과는 어떻겠습니까? 인간은 지상 사물 가운데 하나로 전락하여 그 하수인이 되어버립니다. 곧 인간은 더 이상 세상의 주인이 아니라 노예가 되어버립니다. 반대로 하느님을 섬기고 사랑하며 공경하고 흠숭하는 삶은 마음과 정신을 깨끗하게 하고, 자유롭고 온전함을 유지할 수 있게 합니다. 즉 모든 사물에 대해 아름답고 자유로운 시각을 가질 수 있게 합니다. 만물의 주님께서 인간의 마음 안에 머무신다면, 인간은 세상의 주인이 됩니다. 이는 인간이 마음 안에 머무시는 분의 현존을 묵상하고, 기꺼이 자신을 피조물의 종이자 관리자로 만들기 때문입니다. 그렇게 될 때 피조물은 하느님의 아름다움을 반영하는 모상(icon)으로 남을 것이며, 정복과 경쟁의 공간으로 변하지 않게 될 것입니다.

권고 17

하느님의 겸손한 종

¹ 주님께서 다른 사람을 통하여 말씀하시고 이루시는 선보다 자기를 통하여 말씀하시고 이루시는 선으로 자신을 더 높이려 하지 않는 "그런 종은 복됩니다."(마태 24,46) ² 주 하느님께 자기의 것을 바치기를 원하기보다 자기 이웃에게서 받기를 더 원하는 사람은 죄를 짓는 것입니다.

프란치스코의 「권고」 17번은 「권고들」이 인간학적이고 신학적인 관점을 재검토하고 재구성하는 과정을 통해 마음의 진정성이라는 핵심 주제를 지속해서 변주하고 있음을 보여줍니다. 이번 본문에서는 프란치스코가 인간의 다양한 모습과 관련된 실존의 상황을 설명하기 위해 반복적으로 엮는 세 주체를 발견할 수 있습니다. 이들은 「권고들」을 읽고 듣는 사람인 '나'와 내 앞에 있는 '타인' 그리고 하늘에 계신 '주님'입니다. 이는 존재의 삼각관계에 관한 이야기로 세 꼭짓점 중 두 주체, 곧 하느님의 종과 그 앞에 마주한 타인은 눈에 보이는 존재입니다. 세 번째 꼭짓점인 주 하느님은 눈에 보이지 않으나, 다른 두 꼭짓점의 근원이자 목적지입니다. 그런데 프란치스코에 따르면, 이 세 주체는 '네 번째 존재'에 의해 서로 연결됩니다. 이 존재는 세 꼭짓점의 상호 관계의 산물인 동시에, 삼각관계 내에서 관계의 질과 진실성을 확인하고 평가할 수 있는 도구로 작용합니다. 그것은 바로 하느님께서 당신의 종과 타인 안에서 실현하시는 선입니다. 이미 접한 다른 「권고들」과 마찬가지로, 「권고」 17번에서도 프란치스코는 하느님의 종 안에 내재하는 실존적 원리를 해석하려 합니다. 그는 하느님의 종이 자신의 행위로 이루어 낸 선을 어떻게 느끼고 관리하는지에 대해 두 가지 가능한 대안을 제시합니다.

「권고」의 첫 번째 부분인 1절은 긍정의 길을 따라 다음과 같이 재구성할 수 있습니다. "삼각관계의 존재론적 구조 속에서 자기 자리를 인식하며, 눈에 보이는 다른 꼭짓점(타인-형제)과 조화를 이루고 대칭 관계를 유지하는 종은 복됩니다." 이는 자신이 행한 선뿐만 아니라 형제가 행한 선에 대해서도 똑같이 자랑스러움을 느낄 때 가능합니다. 프란치스코의 지혜로운 제안은 매우 흥미롭습니다. 하느님의 종은 자신이 이룬 선에 대해 느끼는 감정을 즐길 수 있습니다. 그러나 이것이 형제가 이룬 선에 대해 느끼는 감정과 일치할 때만 가능합니다. 이러한 일치가 이루어질 때 그는 자신의 영혼에 가장 해로운 두 적에게서 벗어날 수 있습니다. 하나는 자신의 선한 업적에 대한 자랑, 타인에 대한 경멸, 교만이며, 다른 하나는 타인이 이룬 선한 업적에 대한 질투, 분노, 슬픔입니다. 이전 「권고들」의 해석에서도 언급했듯이, 이 두 가지 감정의 부정적인 형태는 매우 밀접한 관계가 있으며, 인간을 휩쓸 때 파괴적인 영향을 끼칩니다. 그러므로 타인이 이룬 선 앞에서 자신이 이룬 선과 똑같은 기쁨과 즐거움을 느낄 수 있는지 확인하는 것은, 하느님의 종이 자신이 선언하는 바를 진정으로 구현하고 있음을 보장합니다. 즉 그는 모든 선의 근원인 하느님의 존재를 인정하고, 자신의 선을 타인을 위한 섬김의 행위로 살아갈 수 있는 사람이라는 것을 보장합니다. 요컨대 그가 진정으로 하느님의 종으로서의 감정을 소유하고 있는지 검증하는 기준은 그가 선을 행한 뒤 느끼는 종교적 감정의 강도나 양에 있지 않습니다. 오히려 타인이 이룬 선을 마주할 때 그의 마음에서 일어나는 반응에 귀 기울이는 데 달려있습니다. 내 앞에 있는 형제는 내가 하느님과 맺고 있는 관계를 이해하도록 도와줍니다. 이 관계는 내가 이룬 선을 하느님께 헌신과 찬미로 돌려드리는 태도로 드러납니다. 궁극으로 '나'와 '내가 이룬 선'과 '하느님' 사이의 순환 관계의 본질을 검증하고 평가하려면, 반드시 타인이 이룬 선도 이 과정에 포함해야만 합니다. 프란치스코는 순전히 종교적 기준으로 나와 하느님 사이의 관계를 평가하는 것은 항상 불확실하며, 때로는 기만적일 수 있다고 봅니다. 특히 선의 최종 산물의 훌륭함에만 몰두하다

보면, 그 선을 교만하게도 자기 것으로 삼을 수 있는 위험이 있습니다. 이는 궁극적으로 하느님을 그 선에서 배제하고, 선을 권력의 도구이자 타인을 경멸할 기회로 변형시키는 결과를 초래할 수 있습니다.

「권고」의 두 번째 부분은 앞선 삼각관계를 지속하지만, 그 방향을 반대로 뒤집어서 부정적으로 표현합니다. 죄 그리고 하느님의 종에게 닥치는 불행은 그가 자신의 존재를 구성하는 다른 두 꼭짓점인 하느님과 형제와 불균형한 관계를 맺을 때 발생합니다. 즉 자신이 주는 것보다 받기를 더 원할 때 이런 문제가 발생합니다. 본문의 첫 번째 부분에서는 타인이 이룬 선에 대해 인정과 존중을 베푸는 것이 주된 주제였다면, 두 번째 부분에서는 자신이 이룬 선에 대해 타인에게서 받고자 하는 존중의 감정에 초점을 맞춥니다. 그리고 이 경우에도 프란치스코는 앞서 사용한 방법을 확인하고, 하느님의 종이 이러한 요구와 기대에 포함된 감정의 선함을 판단할 수 있는 확실한 척도를 제안합니다. 이 척도는 분명합니다. 이웃에게서 존중받고자 하는 욕망은 만일 이것이 하느님께 돌려드리고자 하는 의지와 그 가능성에 직접적으로 연결되지 못한다면 죄의 태도가 될 것이며, 그 영혼에 불행이 될 것입니다. 그 움직임도 분명합니다. 타인에게 자신이 인식-인정된다는 것은 자신이 받은 선을 넘어 그것을 확장하려는 마음을 만날 때 위험한 일이 되지 않는다는 것입니다. 그 마음이란 자신이 성취한 모든 선이 하느님에게서 온 것임을 인식-인정하고, 오직 하느님만이 참된 영광과 찬양을 받으시는 분임을 인정하는 움직임입니다. 하느님께 대한 찬양과 인정의 움직임을 중단하고 선을 오직 자신에게만 돌려 그것을 자기 영광의 이유로 삼는 것은, 선을 자기 것으로 삼음을 의미합니다. 이는 자신을 하느님의 종이라 정의하는 사람이 범할 수 있는 가장 심각한 죄입니다. 왜냐하면 이에 따라 그의 영혼이 파괴되기 때문입니다. 하느님의 종은 타인의 선을 인정하고 기뻐하며, 찬미와 찬양을 최고 선이자 모든 선이신 하느님께 돌려드림에서 자유롭고 가벼워야 할 존재로 부르심 받았기 때문입니다.

권고 18

이웃의 고통에 함께함

¹ 이웃 안에 있는 연약함을 보고, 비슷한 경우에 처해 있을 때 그 이웃으로부터 부축받기를 원하는 것처럼 그 이웃을 부축해 주는 사람은 복됩니다(참고: 갈라 6,2). ² 온갖 좋은 것을 주 하느님께 돌려드리는 종은 복됩니다. 실상, 어떤 것이라도 자신을 위해 묻어 두는 사람은 "자기 주" 하느님의 "돈을" 자기 안에 "숨겨 두는"(마태 25,18) 사람이 되며, "가진 줄로 여기고 있는 것마저 빼앗길 것이기"((루카 8,18) 때문입니다.

이번 「권고」에서도 두 용어의 병렬적 비교가 나타납니다. 하지만 이번에 프란치스코는 하나는 긍정적(복되다)이고 다른 것은 부정적(불행하다)인 수사학적 표현이 아닌, 모두 긍정의 표현인 '복되다'를 사용합니다. 두 개의 짧은 문장 사이에 설정된 병렬적이고 수렴적인 역동성은 각 문장을 시작하는 핵심 동사에서 나오는데, 비록 두 가지가 다른 상황과 관련되어도 같은 주제와 연관됩니다. "그 이웃을 '부축해 주는' 사람은 복됩니다"(Beatus homo, qui 'sustinet' proximum)와 "온갖 좋은 것을 주 하느님께 '돌려드리는' 종은 복됩니다"(Beatus servus, qui omnia bona 'reddit' Domino Deo)입니다.[35] 제가 보기에 두 상황은 서로 별개의 것을 우연히 배치한 것이 아니라, 프란치스코가 형제들에게 제안하고 싶은 지혜 여정의 보완적 측면을 구성하는 것 같습니다. 하지만 두 구절의 순서는 바뀌어야 합니다. 곧 하느님의 종은 자기 선을 주님께 돌려드려야 하는데(2절), 인간으로서 그가 어려움을 겪는 형제에게 자신을 내어줄 때(1절) 가능하다는 것입니다. 이런 해설이 가능한 이유를 자세히 살펴보겠습니다.

먼저 「권고」의 2절에서부터 시작하겠습니다. 인간의 가장 우선적이고 근본적인 소명은 하느님의 종이 되는 것입니다. 이 정체성은 특히 자신에게 맡겨진 물질적이고 영적인 선을 다루는 방식, 곧 자기 것으로 삼지 않으면서 섬기기 위해 다루는 방식에서 드

---

35 역자 주: 한글로 번역된 본문에서는 1절과 2절을 시작하는 문장의 대구법(Beatus homo ~ / Beatus servus ~)이 잘 표현되지 않기 때문에 원문을 표시했다. 또한 이번 장章에서 저자는 라틴어 원문이 아니라 이탈리아어로 번역된 문장을 기초로 해설을 시도하며 우리에게 약간의 오해를 일으킬 요소 하나를 남긴다. 1절과 2절의 라틴어 동사는 각각 "sustinere"(지탱하다, 받쳐준다)와 "reddere"(돌려준다)이다. 2절의 경우 큰 문제가 없지만, 1절 동사의 이탈리아어 번역은 "sostenere"를 사용하지 않고 "offre"(주다, 봉헌한다) + "un sostegno"(지지대)를 사용한다. 이에 따라 저자가 이번 장을 통해 강조하는 두 동사는 1) "자신을 봉헌하다, 주다"라는 의미의 offrire와 2) "하느님께 돌려드린다"라는 의미의 restituire라는 것을 전제해야 할 것이다.

러납니다. 자기 것으로 삼지 않음의 문제는 이전 「권고들」에서 몇 차례 접했는데, 이번 본문은 프란치스코가 전략적으로 사용하는 동사 "돌려드린다"(reddere)를 통해 분명해지고 풍요로워집니다. 종은 자기가 가지고 있는 것의 주인이 아님을 인식하고, 모든 것을 주님께 돌려드리는 사람입니다. 자신의 선에 대해 주인이 아니라 종으로 살아가는 사람, 곧 선을 자기 것으로 삼지 않고 타인에 대한 지배나 특권의 수단으로 삼지 않으면서 하느님께 돌려드리는 사람은 경쟁과 성과에 대한 불안감에서 자유롭습니다. 그는 종으로 살아가며 복을 받을 것입니다. 왜냐하면 그에게 선은 인정이나 존경을 받기 위한 불안의 원인이 되거나, 그 선을 지키기 위해 발생하는 두려움이나 폭력의 원인이 되지 않기 때문입니다.

우리는 이미 프란치스코의 표현에서 선을 자기 것으로 삼는 일이 위험하다는 것을 보았습니다. 이런 행위는 더러운 돈으로 바꾸어버린 태도로서 인간의 삶에 진정한 풍요를 창출할 수 없게 합니다. 또한 선을 선물하고 돌려드리는 게 아니라 훔치고 감추기에 최후의 심판을 받는 원인이 됩니다. 그러나 이번 「권고」에서는 하느님께 선을 돌려드리는 구체적인 방법에 관한 중요한 설명이 추가됩니다. 이는 단순히 일련의 심리적이고 영적 태도로 평가되는 것은 아닌데, 가령 교만한 마음을 없앤다든가 받은 선에 감사와 거룩한 봉헌을 드리는 등 하느님을 찬미하는 마음과 동일시되지 않기 때문입니다. 이곳에서 돌려드림은 무엇보다 종교적 행위가 아니라 도움이 필요한 형제들과 연대하고 나누는 행동으로 드러납니다. 곧 종은 타인의 약함을 돌보는 사람일 때 자신을 무상으로 그리고 관대하게 "봉헌하며"(offrire) 자기 선을 하느님께 "돌려드립니다"(restituire).

이러한 맥락에서 이 「권고」의 중심이 되는 두 동사(형제들에게 자신을 봉헌하다 - 하느님께 돌려드린다)의 관계를 종합하고자 모순어법[36]을 도입할 수도 있겠습니다. 하느님의 종은 순환적 움직임으로 하느님께 "모든 것"(omnia)을 돌려드립니다. 동시에 그는 선형적 움직임으로 타인에게 자기 자신을 "완전히"(omnia) 무상으로 관대하게 봉헌합니다. 이처럼 성인의 제안에서 그의 영적이고 물리적인 시각의 선형적 순환성을 볼 수 있습니다. 곧 인간은 자기 형제의 연약함에 자기 자신을 내어줄 때 하느님께 자신을 돌려드리는 것입니다.

하느님께 돌려드리는 것과 형제들에게 자신을 봉헌하는 것의 관계에 대해 한 가지 설명을 추가할 필요가 있습니다. 이는 이번 「권고」를 구성하는 두 동사 사이의 관계에 대한 결정적인 표현이 될 것입니다. 형제들의 연약함에 자신을 내어주는 것이 하느

---

36 역자 주: '형용 모순'이라고도 하는 모순어법은 서로 모순되는 개념이나 단어를 결합하여 새로운 의미나 효과를 만들어내는 수사학적 방법이다. 저자는 '선형적'이라는 말과 '순환적'이라는 다른 개념을 합쳐서 '선형적 순환성'이라는 말을 하고 있다.

님께 자기 선을 돌려드리는 구체적인 방식이 된다면, 이 선물(자기 자신을 형제에게 주는 것)에 대한 명확한 정의가 하느님께 돌려드리는 행위의 본질을 밝히는 데에도 매우 중요한 단계가 됩니다. 만일 하느님의 종이 참된 돌려드림을 실행하고, 형제들의 연약함에 자신을 진정으로 봉헌한다면, 문제는 관계 자체를 실현하는 방식으로 옮겨갑니다. 그 답은 1절에서 성인이 말씀하신 두 가지에 있습니다.

무엇보다도 프란치스코는 일련의 비유를 통해서 이 문제를 조명합니다. 자신을 봉헌한다는 것은 "이웃의 연약함을 부축해 주는 사람"(1절)이 되는 것을 의미합니다. 연약함이란 물리적이거나 도덕적인 요청 앞에서 드러나는 인간의 모든 약점으로서, 인간이 자유롭고 평온한 삶을 살아가는 데서 자율성과 힘을 잃어버린 상황을 의미합니다. 이웃에게 자신을 봉헌하는 부축은 넘어지려는 사람에게 어깨를 빌려주는 것이고, 그가 더 이상 가지고 있지 않은 힘을 선물하는 사람이 됨을 의미합니다. 부축과 지지로 이웃에게 봉헌되는 선에 관해 프란치스코는 한 단어로 이를 요약합니다. 그것은 "자비"(misericordia)입니다. 사실 이 자비라는 것은 "비참한 이들"(miseri)에게 우리가 가진 가장 소중한 것, 즉 삶에 진정한 부축과 지지를 전해 줄 수 있는 유일한 "마음"(cordia)을 주는 것입니다. 하느님께 마음을 찬미의 제물로 돌려드리는 것은 삶에서 마음에 상처를 입은 비참한 이들에게 그 마음을 주는 것을 의미하며, 이는 그들이 새로운 희망을 품고 다시 그 길을 걸어가도록 부축해 주는 유일한 가능성이 됩니다. 다시 말해 일종의 심장 이식이 일어난다고 말할 수 있습니다. 치명상을 입은 이의 심장은 사랑 때문에 기증한 그 심장으로 교체됩니다.

이 시점에서 프란치스코가 강조한 또 다른 측면이 나타납니다. 아마도 그에게는 이것이 가장 중요하고 결정적인 요소일 것입니다. 왜냐하면 이를 통해 자신을 이웃에게 선물로 내어주는 방식, 시기, 척도가 어떠해야 하는지 잘 판단할 수 있는 기준을 결정하기 때문입니다. 그 방식은 단순하면서도 효과적입니다. "비슷한 경우에 처해 있을 때 그 이웃으로부터 부축받기를 원하는 것처럼"(1절) 그를 지원하라는 것입니다. 이 원칙은 프란치스코의 글에 최소 여섯 번 이상 반복하는 황금률[37]입니다. 이 중 가장 의미 있는 구절 하나를 살펴보겠습니다. "순종을 받게 되는 사람과 높은 사람으로 여겨지는 사람은 낮은 사람처럼 되어야 하고, 다른 형제들의 종이 되어야 합니다. 그리고 자기가 비슷한 경우에 처해 있을 때 자기 자신에게 해 주기를 바라는 것처럼 각 형제에게 자비를 행하고 지니십시오. 어떤 형제의 죄악 때문에 그 형제에게 화를 내지 말고 오히려 온갖 인내와 겸손을 다하여 너그럽게 권고

---

37 참고: 비인준 규칙 4,4-5; 6,2; 10,1; 인준 규칙 6,9; 2신자 편지 43; 봉사자 편지 17.

하고 부축하십시오."(2신자 편지 42-44) 프란치스코의 그리스도교적 관점 전체를 요약한 이 본문을 자세히 해설하지는 않겠지만, 간단히 몇 가지를 고찰할 수 있습니다. 어려움을 겪는 낮은 사람을 대면하도록 부르심 받은 높은 사람이 보여야 할 자비는 분노에 빠지지 않고, 인내와 겸손에 머무는 것입니다. 요약하자면 이 구절에서 우리는 앞서 접했던 모든 용어를 다시 발견하는데, 이 모든 용어는 프란치스코가 체험한 바의 기초가 되는 복음의 언어, 자비와 긴밀히 얽혀있습니다. 그렇다면 프란치스코에게 자비란 무엇을 의미할까요? 이는 「권고」 18번이 연약한 형제를 어떻게 부축해야 하는지 설명할 때 사용한 원칙과 같습니다. 이 구조는 대체의 원리입니다. 즉 가난한 사람들 가운데에서 프란치스코가 체험한 바와 같이 자비를 실행하려면 비참한 이들의 조건으로 들어가야 하며, 그들의 운명과 필요성을 그 내부에서부터 이해해야 합니다. 이것이 나병 환자들 가운데서 지냈던 프란치스코의 회개 여정에서 드러난 일입니다. 그들에게 자비를 실행하기 위해 프란치스코는 스스로 나병 환자가 되어야만 했습니다. 이 논의를 조금 더 발전시켜 보겠습니다.

이웃에게 자신을 봉헌할 수 있는 선하고 적합한 부축이 무엇인지, 곧 그 상황에 맞게 선물할 수 있는 가장 적합한 형태의 자비가 무엇인지 이해하려면, 인간은 대체의 과정을 거쳐야 합니다. 이는 이웃의 연약함을 짊어지는 것에서 나아가 그 연약함을 내면 깊이에서 느끼며, 자신이 그 이웃처럼 연약하고 취약한 존재가 되는 것을 의미합니다. 프란치스코는 공감을 동반한 대체의 움직임 없이는 진정으로 자신을 타인에게 내어줄 수 없다고 단언합니다. 실제로 자비로운 사랑의 올바른 척도는 자신에게 주는 것과 같은 정도입니다. 따라서 황금률의 기본 원칙은 분명합니다. 대체를 통해 타인이 되어 그 안에서 자기 자신을 사랑하는 것입니다. 프란치스코는 이렇게 표현할 것입니다. "그 사람이 되어 자기 자신을 사랑하십시오! 이것이 그 사람을 가장 적합하고 효과적으로 부축하는 방법입니다!" 이와 같은 방식으로 행동하는 사람은 단지 "사람들 중의 사람"(1절)이 되는 것에 그치지 않고, 동시에 "하느님의 종"(2절)이 됩니다. 이는 자신을 완전히 하느님께 돌려드리는 대체의 원리이기 때문입니다. 이는 그가 타인을 자신처럼 인식하고 사랑하며 온전히 자신을 내어주는 순간에 이루어집니다.

그리고 그는 삶의 삼각관계(나-하느님-타인)에 들어가기 때문에 복됩니다. 이는 돌려드림과 봉헌의 구조 안으로 들어가는 것이며, 이 관계의 원리만이 상처를 치유하고 존엄성을 회복하며, 자신과 타인 모두에게 충만함의 여정을 다시 시작하게 합니다.

권고 19

하느님의 겸손한 종

¹ 사람들로부터 천하고 무식하며 멸시받을 자로 취급받을 때와 마찬가지로, 칭찬과 높임을 받을 때도 자기 자신을 더 나은 사람으로 여기지 않는 종은 복됩니다. ² 사실, 인간은 하느님 앞에서 있는 그대로이지 그 이상이 아니기 때문입니다. ³ 다른 사람들에 의해 높은 자리에 올랐다가, 자기 의지로 내려오기를 원치 않는 그런 수도자는 불행합니다. ⁴ 그래서 자기 의지로 높은 자리에 있지 않고, 다른 이들의 발아래 있기를 늘 열망하는 "그런 종은 복됩니다."(마태 24,46)

이 글에서 우리는 2×2의 구조를 확인합니다. 먼저 1-2절에서는 인간의 "더 나은" 상태에 대한 진술(1절)이 제시되고, 그 타당성을 뒷받침하는 원칙(2절)을 통해 평가하고 검증합니다. 이후 이 구조는 3-4절로 확장되며, 여기서는 불행(3절)과 복됨(4절)이 교차하면서 첫 번째 부분의 일반 원칙과 관련된 구체적인 측면에 초점을 맞춥니다. 따라서 본문을 두 부분으로 나누어 해석함으로써, 상호 의존적이지만 독립적인 두 주제를 충분히 논의할 수 있는 여지를 마련하고자 합니다.

[1] 사람들로부터 천하고 무식하며 멸시받을 자로 취급받을 때와 마찬가지로, 칭찬과 높임을 받을 때도 자기 자신을 더 나은 사람으로 여기지 않는 종은 복됩니다. [2] 사실, 인간은 하느님 앞에서 있는 그대로이지 그 이상이 아니기 때문입니다.

본문의 첫 번째 부분(1-2절)에서는 프란치스코가 형제들에게 수행한 교육의 두 가지 핵심 요소가 나타납니다. 하나는 복된 종이 되기 위한 근본적인 전제로서 자기 자신에 대한 진실성의 문제이고, 다른 하나는 정체성의 문제를 직면하고 해결하기 위한 관계의 공간으로서 삶의 삼각관계(나-타인-하느님)에 관한 것입니다.

어떻게 자기 삶의 질을 평가할 수 있을까요? 그리고 세상에서 결실을 거두는 활동을 하기 위해 필요한 자기 인식, 즉 자기평가를 위해 어떤 기준을 채택해야 할까요? 프란치스코가 암묵적으로 제시하는 첫 번째 진리는 기본적인 사실에서 출발합니다. 즉 자기 인식은 단순한 자기 분석의 결과가 아니라 외부와의 관계 속에서 형성된다는 점입니다. 우리 앞에 있는 사람은 어떤 방식으로든 우리가 우리 자신을 이해하는 방식을 결정합니다. 타인은 우리의 진실을 만들지는 않아도 우리가 그것을 인식하고 인정하도록 도와줍니다. 그러나 프란치스코에 따르자면, 하느님의 종이 자기 자신으로 돌아와 자신의 인간적 자질이 부족한지, 충분한지, 좋은지 혹은 더 나은지를 측정하고 이해할 수 있는 판단 능력을 지니려면, 두 가지 외적인 참고점이 필요합니다.

첫 번째 참고점은 삶의 삼각관계에서 첫 번째 꼭짓점에 해당하는 타인과의 관계입니다. 자기 자신을 해석하는 여정은 우리와 대면하고, 우리의 삶을 함께하는 타인에게서 출발합니다. 이러한 여정은 큰 이점을 제공하면서도 커다란 문제도 있습니다. 타인이 우리에 대해 알고 있는 것은 사실 쉽게 검증할 수 있다는 점에서 장점이지만, 동시에 매우 불안정하고 모순적이라는 점에서 문제가 되기도 합니다. 타인은 때로 우리를 "칭찬하고 높이기도" 하지만, 때로 "천하고 무식하며 멸시받을 자"로 여기기도 합니다(1절). 이 평가 앞에 놓인 우리는 어떠한 사람일까요? 이 상황에서 가능한 해결책은 두 가지입니다. 하나는 타인의 의견을 긍정적인 방향으로 이끌기 위해 온갖 노력을 기울이는 것입니다. 이를 위해 수많은 가면을 쓰고 유쾌하고 사랑받을 만한 사람이 되어 결국 칭찬과 높임을 받으려 애쓰는 것입니다. 다른 하나는 자기 내면 깊은 곳에서 타인의 변덕스러운 평가에 의존하지 않아도 되는 안정감을 찾는 것입니다. 왜냐하면 자기 자신에 대한 진리가 타인의 견해에 의존되어 있다면, 여기에는 궁극적인 진리도 존재하지 않을뿐더러 그는 구조적으로 불안정하고 의존적인 상태에 빠지기 때문입니다. 그 결과 칭찬을 받으면 자기 자랑에, 멸시를 받으면 좌절감과 불안에 빠지게 될 것입니다. 복된 사람은 자신의 자존감과 자기 수용을 타인의 평가에 의존하지 않습니다. 즉 자신의 평화롭고 안정된 자존감을 타인의 변덕과 불확실성에 맡기지 않는 사람입니다. 이는 성경에서 말하듯, "사람에게 의지하는 자는 저주를 받을 것이기"(예레 17,5) 때문입니다.

그렇다면 이러한 안정성을 가능하게 하는 기초는 무엇일까요? 단순히 우리 내면에서 일어나는 스토아적 무관심이나 타인에 대한 우월감에서 비롯된 초월의 과정일까요? 프란치스코의 답변은 2절에서 명확히 드러납니다. 그는 인간이 진정으로 자신이 누구인지 알기 위해 출발할 유일하고 흔들리지 않는 기초는 바로 하느님이라고 선언합니다. 하느님은 삶의 삼각관계에서 또 다른 꼭짓점이며, 프란치스코에 따르면 인간이 진정한 자기 인식과 자기 수용의 과정을 시작하기 위해 반드시 출발점으로 삼아야 할 곳입니다. 이는 "인간은 하느님 앞에서 있는 그대로이지 그 이상이 아니기 때문입니다"(2절)라는 말에서 잘 드러납니다. 하지만 이 출발점에도 장점과 중대한 문제가 있는데, 이는 앞서 타인과의 관계에서 발견된 상황과 정반대의 양상을 보입니다. 우리 자신에 대한 답을 하느님께 구하는 것의 장점은 그 응답이 안정적이고 확실하다는 점입니다. 하느님께서 인간을 향하는 태도가 얼마나 확고하고 변치 않는지에 따라, 인간은 자기 자신에 대해 올바르고 평화로운 기준을 발견할 수 있습니다. 그분 안에서 인간은 자신의 존재를 위해 흔들리지 않는 기초를 찾게 되며, 두려움 속에서도 인간을 받아주고, 인간의 오만함 속에서도 인간을 바로 잡아 주시는 분을 발견하게 됩니다. 하지만 문제가 없지는 않습니다. 하느님께서 우리에 대해 가지신 견해는 타인의 견해처럼 분명하거나 즉각적이지 않을 수 있습니다. 타인의 평가는 우리를 열광하게 하거나 좌절에 빠뜨릴 만큼 강렬하지만, 하느님의 판단은 부드러운 바람의 속삭임처럼 들립니다. 이 판단은 인내와 평온 속에서 귀를 기울여야 비로소 들을 수 있습니다. 사실 우리가 그분의 변치 않는 사랑에 속해있다는 소식은 너무나 단순하고도 심오한 것이어서, 이를 온전히 받아들이기 위해서는 주의와 신뢰의 노력이 필요합니다. 인간에게 요구되는 것은 겸손하게 이 안정성의 근원으로 돌아가는 것입니다. 존재의 안정성과 삶의 여정에 의미를 부여할 수 있는 지평을 찾아야만, 우리는 타인의 구조적 불안정성에 의존하지 않고 안정감을 찾을 수 있습니다. 또한 우리 자신에 대한 올바른 기준을 제시하고, 우리가 누구에게 속해 있는지를 깨닫게 하는 유일한 분께 돌아간다는 것은 타인을 경멸하거나 세상 앞에서 자기만족에 빠지는 자율성을 의미하지 않습니다. 오히려 이는 관계 속에서 진정한 자유와 무상성을 얻는 것을 의미합니다. 더 이상 우리는 타인에게 자기 인격의 질을 확인받으려고 애쓰지 않을 것입니다. 이러한 요구는 종종 거짓되고 이해관계가 얽힌 호의의 교환이라는 위험한 놀이에 우리를 빠뜨릴 위험이 큽니다. 대신 우리는 단순하고 진실한 마음으로 살아가게 됩니다. 이는 인간이 아무런 대가를 바라지 않고 자신을 타인에게 선물로 줄 수 있는 능력을 지니게 합니다. 이때 비로소 그는 참으로 복된 사람이 됩니다. 그는 하느님 안에서 단순한 진리의 근원을 발견하고, 이를 통해 자기 자신에 대해 만족하게 됩니다. 하느님과 자기 자신에게 속해있다는 소속감에서 그는 비록 타인이 원수일지라도 그에게 손을 내밀고, 그 곁에 머물 수 있게 됩니다.

따라서 프란치스코는 자신의 개인 역사를 바탕으로 형제들에게 계속해서 교훈적인 가르침을 제시합니다. 동료와의 관계는 두 가지 상반된 상황 속에서 그의 삶을 흔들어 놓았습니다. 초기에 형제들은 프란치스코와 함께 살아야 하는 필요성을 강조하였고, 하느님의 뜻을 자신들에게 계시해 주는 인물로 그를 찬양하고 높였습니다. 그러나 말년에 이르러 이 관계는 분리와 거부로 완전히 뒤바뀌었고, 형제들은 프란치스코에게 이렇게 소리치기까지 하였습니다. "썩 물러가거라. 어리석고 무식한 것아, 두 번 다시 우리에게 오지 말아라. 우리는 이제 사람들도 많고 훌륭한 사람들도 많으니, 너는 필요 없어!"(참 기쁨 11) 이 이야기의 결말은 여전히 궁극적인 기초와 삶의 의미를 찾는 한 인간의 모습을 보여줍니다. 프란치스코가 그러한 기초를 찾지 못했다면, 그 앞에 닫혀있는 문이 자신의 정체성에 가한 혼란을 견뎌낼 수 없게 하였을 것입니다. 프란치스코는 이렇게 말합니다. "만약 내가 인내를 가지고 마음의 평정을 잃지 않는다면."(참 기쁨 15) 그렇다면 이 인내를 어디에서 찾을 수 있겠습니까? 우리를 위해 인내 그 자체가 되신 분이 아니고서는 불가능합니다. 라 베르나 산에서 다시 마주한 침묵과 겸손의 신비에 자신을 맡김으로써, 프란치스코는 다시금 그 기초에 뿌리를 내릴 수 있었습니다. 그 침묵은 얼마 전까지만 해도 자신을 찬양하고 높이기 위해 활짝 열려있었던 문이 이제는 그를 "천하고 무식하며 멸시받을 자"(1절)로 여겨서 돌이킬 수 없이 닫혀버린 문으로 변한 현실 앞에서, 그의 정체성에 관한 수많은 폭력적인 질문에 대한 응답이 되었습니다. 프란치스코는 분명 자신의 정체성을 깨달았을 것입니다. "나는 그 닫혀있는 문이 아니라, 죽음의 동요와 갈등 속에서도 나와 내 형제들을 받아들이기 위해 뻗어있고 십자가에 못 박힌 그 팔입니다." 그곳에서 그는 때로는 원수가 되어버린 자기 자신과 형제를 인식하고 받아들이기 위한 여정을 다시 시작하려 했습니다. 자신의 정체성과 타인의 정체성은 오직 하느님의 정체성에서 출발해야만 이해될 수 있습니다. 그리고 이 삶의 삼각관계 안에서 살아갈 줄 아는 사람이야말로 참으로 복된 사람입니다.

³ 다른 사람들에 의해 높은 자리(in alto)에 올랐다가, 자기 의지

로 내려오기를 원치 않는 그런 수도자는 불행합니다. ⁴ 그래서 자기 의지로 높은 자리(in alto)에 있지 않고, 다른 이들의 발아래(subesse pedibus) 있기를 늘 열망하는 "그런 종은 복됩니다."(마태 24,46)

이번 「권고」의 두 번째 부분에서 프란치스코는 「권고」 4번에서 이미 다루었던 하느님의 종이 높은 자리에 있을 때 겪는 심각한 위험을 다시 언급합니다. 동시에 첫 번째 부분에서 일반적으로 언급한 내용을 더 구체적으로 살펴보며, 타인의 판단에 휘둘릴 수 있는 위험을 특정한 상황 속에서 제시합니다. 사실 "높은 자리에 있는 것"은 권위와 책임의 역할 수행을 위해 특별한 형태로 높아지는 것입니다. 이러한 임무는 그 사람이 다른 사람보다 그 일을 수행하기에 더 나은 적임자라고 인정받았음을 분명히 드러내는 신뢰와 가치 평가를 포함합니다. 여기서 프란치스코가 선택된 사람을 잘 드러나 보이도록 사용한 공간적 개념이 매우 흥미롭습니다. 권위를 가진 사람은 사건과 문제를 보다 잘 파악하고 해결하기 위해 "높은 자리"(in alto)에 있어야 한다는 것입니다. 그러나 이 위치가 직무 수행에 필요하더라도, 이것이 개인의 정체성에 위험을 초래할 수 있습니다. 왜냐하면 자신을 더 높은 위치에 있다고 여기면서 자신이 타인과는 다르고 유일하며, 그래서 더 낫다고 착각할 위험이 있기 때문입니다. 이것이 「권고」의 두 번째 부분에서 핵심적으로 전개되는 내용입니다.

가장 먼저 주목할 점은 본문이 이분법적으로 구성되었다는 것입니다. 이는 "불행하다"(3절)와 "복되다"(4절) 사이의 교차적인 관계를 통해 두 개의 절이 대조적으로 구성되었음을 확인할 수 있습니다. 「권고」 13번에서 18번까지는 복된 종의 특성을 정의하는 데 초점을 맞춘 반면, 여기서는 복되다와 불행하다를 교차적으로 비교하는 방식을 통해 똑같은 목표를 달성합니다. 분명히 두 가지 상반된 상황 사이의 비교와 대조는 형제들의 자각을 돕는 데 매우 효과적인 교육 도구로 작용합니다.

이제 본문으로 넘어가 보겠습니다. 글의 전개는 매우 대칭적으로 나타납니다. 첫 번째 부분에서 언급된 상황, 즉 높은 자리에 올랐다는 사실은 두 번째 부분에서 묘사된 태도에 따라 불행이 되거나 복이 될 수도 있습니다. 이는 하느님의 종이 자신의 임무 수행에서 내적으로 품는 감정과 태도에 전적으로 달려있습니다.

높은 자리에서 내려오기를 원하지 않는 사람에게 그 역할은 심각한 문제가 될 것입니다(3절). 아마도 그 형제는 스스로 높은 자리를 추구하지 않았을지도 모릅니다. 그러나 결과적으로 그는 다른 사람들 위에 있다는 사실이 자신을 매우 중요한 존재로 느끼게 했고, 그로 인해 다시 다른 사람들 사이로 내려가고 싶지 않게 되었습니다. 그는 불행합니다! 더 높은 자리에 있다고 느끼는 것과, 따라서 더 낫다고 느끼는 것이 그에게 자기를 중요하고 가치 있는 존재로 착각하게 했기 때문입니다. 그는 불행합니다! 자신의 정체성에 대한 답이 그 중요한 역할 자체와 동일시되어, 그 자리에 의존한다고 느끼기 때문입니다. 그에게 자리에서 내려오는 것은, 곧 다른 사람에게서 받은 존경과 그 자리가 가져다주는 명예를 통해 얻었던 자신에 대한 자존감을 잃는 것을 의미합니다. 이런 사람은 결코 복될 수 없습니다. 왜냐하면 그 자리는 본래 그의 소유가 아닌, 맡겨진 것이기 때문입니다. 그런데도 그는 그 자리를 잃을까 두려워 끝없는 걱정에 시달립니다. 그에게 그 자리는 자신의 정체성을 규정하는 결정적인 가치를 지닌 것으로 여겨집니다. 그는 이렇게 생각한 것입니다. "나는 더 높은 위치에 있으니 더 나은 사람이며, 어쩌면 최고일지도 모른다."

그렇다면 이와 반대인 사람은 어떨까요? 자신의 의지와 상관없이 높은 자리에 오른 그는 그 역할이 어렵고, 어쩌면 위험하다고 느끼면서 내려가기를 원합니다. 그 사람은 복됩니다! 높은 자리에 있는 사람이 느낄 수 있는 현기증도, 낮은 자리에 있는 사람이 느끼는 우울증도 피할 수 있기 때문입니다(4절). 그 사람은 자유롭습니다! 자신의 역할을 자기 정체성에 대한 응답으로 삼지 않고, 그 역할을 빼앗겼을 때 자기 삶이 무너지는 재앙으로도 받아들이지 않기 때문입니다. 그 사람은 복됩니다! 그가 내려가야 할 때 그것을 평온과 기쁨으로 받아들일 수 있기 때문입니다. 그는 높은 자리에 있을 때 자신을 찾으려 하지 않고 단순히 타인을 섬기는 데 집중했듯이, 낮은 자리에 있을 때도 안전함과 행복을 느낍니다. 왜냐하면 그곳에서는 더 이상 아래로 내려가거나 떨어질 위험이 없기 때문입니다.

프란치스코는 이 본문의 마지막 두 구절에서 형제의 삶에 중요한 요소를 상기시킵니다. 높은 자리에 있는 형제는 자신이 하는 일, 특히 타인에 대한 권위를 행사할 때 자기 내면의 감정을 분명히 알아야 한다는 것입니다. 그 감정에 이름을 붙일 수 있을 정도로 곧 먹을 수 있는 버섯과 독버섯을 정확히 구분하듯이 명확하게 파악해야 하며, 그것이 무엇인지 알기 위해 자기 내면에 귀를 기울여야 합니다. "그대는 그 자리에서 내려올 때 자유롭고 가볍습니까? 아니면 그 자리에 고립되어 그대의 자존감이 그 역할에 의존합니까?" 결국 프란치스코는 타인의 인정에 대한 강한 욕구가 사실은 공허함의 신호일 수 있다고 말합니다. 이는 내면의 공허함을 타인의 칭찬과 인정으로 채우고 보상받으려는 신호라는 것입니다. 그러나 이러한 경우에도 우리는 타인이 자신을 인정해 준다는 사실만 알 뿐, 진정으로 자신이 누구인지는 결코 알지 못할 것입니다.

이번 「권고」의 또 다른 흥미로운 측면은 다른 사람 위에 있는 것과 다른 사람의 발 아래 자신을 두려는 열망과 그 준비 사이의 교차적 관계입니다. 높은 자리에 있는 사람의 정당한 위치는 자신이 섬겨야 할 사람의 발과 밀접한 관계를 맺고 있을 때만 정확히 측정될 수 있습니다. 이와 같은 역학은 「권고」 4번에서도 나타났습니다. 그곳에서는 장상의 직무가 발을 씻어주겠다는 의지로 평가되었습니다. 진정한 높은 자리에 있음은 타인의 발을 씻어주기 위해 몸을 굽히는 데서 올바른 위치를 찾습니다. 이는 분명 매우 수고스럽고 불편한 일입니다. 즉 높은 자리에 있는 것은 타인에게 더 편하게 입맞춤을 받기 위해 있는 것이 아닙니다.

결론은 필연적으로 옛 「수도규칙」에서 가장 프란치스칸적인 본문 하나에서 도출되어야 합니다. 여기에서 프란치스코는 봉사자의 섬세한 섬김을 형제들이 받아들인 복음의 정체성과 연결합니다. "봉사자는 자기가 비슷한 경우에 처했을 때, 그 형제가 자기에게 해 주기를 바라는 것처럼 그를 도와주도록 힘쓸 것입니다. 그리고 아무도 장상이라고 부르지 말고, 반대로 모두가 똑같이 작은 형제들이라 부를 것입니다."(비인준 규칙 6,2-3) 타인의 발을 씻어 주기 위해 몸을 굽히는 행위는 모든 형제의 정체성, 나아가 그 행동을 측정하는 기준이 됩니다. 바로 이러한 행위를 통해 그는 자신의 정체성에 가장 적합한 이름을 받게 됩니다. 그 이름은 장상이 아니라 형제입니다. 봉사자는 형제들을 통해 자신의 섬기는 행위에서 올바른 감정이 무엇인지 이해할 수 있습니다. 형제들의 발, 종종 상처투성이가 되는 그 발을 바라보며 이를 씻어주는 게 얼마나 어려운 일인지, 특히 손이 거의 닿지 않는 그 먼 부위를 돌보는 것이 얼마나 어려운 일인지 배워야 합니다. 그리고 그 순간,

형제들이 자기 발을 위해 몸을 굽혀줄 사람을 얼마나 간절히 필요로 하는지 기억해야 합니다. 발은 작고 겸손한 부위이지만, 인간의 존재를 지탱해 주는 매우 소중한 부분입니다. 모두가 차별 없이 서로를 위해 이렇게 할 수 있다면, 기쁘고 믿음직스러운 형제 공동체가 만들어질 것입니다. 이 공동체는 함께 걸으며 불편함과 수고도 서로 나누고, 가장 필요한 섬김을 위해 기꺼이 헌신할 준비가 되어 있습니다. 형제의 발 앞에 몸을 굽히는 것은, 마치 우리의 고통받고 상처 입은 발에 누군가가 그렇게 해주길 바라는 마음이 되는 것입니다.

권고 20

주님 안에서 행복한 수도자와 허울 좋은 수도자

¹ 주님의 지극히 거룩한 말씀과 업적 말고 다른 데서는 흐뭇함과 즐거움을 느끼지 못하며, ² 또한 그것들로써 기쁨과 즐거움 가운데 사람들을 하느님의 사랑에 인도하는 그런 수도자는 복됩니다. ³ 쓸모없고 헛된 말들을 즐겨 하고, 또한 그것들로 사람들을 웃기려는 그런 수도자는 불행합니다.

이전 「권고」 19번과 다음 「권고」 21번과 마찬가지로 프란치스코는 "~한 수도자는 복됩니다"와 "~한 수도자는 불행합니다"라는 교차적이면서 보완적인 방식을 바탕으로 한 대조적 권고를 우리에게 전합니다. 앞서 언급했듯이 두 상황 간의 대조는 형제들에게 유익하고 효과적인 양성을 위한 이분법적 수사학 기술입니다.

이곳의 주제는 매우 특별합니다. 말로 어떻게 다른 사람을 참된 기쁨이나 거짓된 기쁨으로 이끌 수 있는지, 곧 그들을 미소로 이끌지 헛웃음으로 이끌지에 대한 문제입니다.[38] 본문을 해설하기에 앞서, 「권고」의 근본적인 목적과 관련된 한 가지 전제 사항을 고려해야 합니다. 곧 수도자는 고통과 눈물 속에 살도록 부르심 받은 게 아니라 기쁨과 즐거움에 이르도록, 즉 미소 속에 살도록 부르심 받았다는 점입니다. 이러한 전제와 더불어 우리는 프란치스코의 인간학을 다시 돌아보는 계기를 마련합니다. 프란치스코의 하느님은 고통과 슬픔, 눈물의 하느님이 아닙니다. 하느님은 인간이 영원한 기쁨을 얻도록 지상에서 힘겨운 의무를 요구하는 분이 아닙니다. 하느님은 인간 마음속에 내재한 기쁨에 대한 열망과 대립하는 분이 아닙니다. 하느님은 인간이 당신을 두려워하고 떨면서 복종하는 것에 따라 행복을 결정하는 분이 아닙니다. 인간의 첫째가는 소명이란 내세의 기쁨을 위해 현세에서 고통당하는 것이 아니라, 이미 지금 여기에서부터 자신의 존재에 대한 감미로움과 아름다움, 기쁨과 즐거움의 응답을 얻는 데 있습니다. 프란치스코의 하느님이자 그리스도인의 하느님은 인간의 기쁨을 즐거워하시는 분입니다. 왜냐하면 하느님의 영광이 살아있는 인간이기 때문입니다. 예수 그리스도의 하느님은 기쁨이며, 그 기쁨을

---

38 역자 주: 「권고」 본문에 "미소"(sorriso)라는 말이 직접적으로 등장하는 것은 아니지만, 저자는 프란치스코가 말하는 헛된 말의 결과인 "웃음"(riso)과 대비하려고 이 말을 사용한다. 독자의 더 나은 이해를 위해서 '미소'와 대비되는 단어인 '웃음'을 '헛웃음'으로 대체한다.

인간에게 풍성히 나누어주길 바라시는 분입니다. 프란치스코가 자신의 회개에 관해 이야기할 때 삶의 맛에 대한 발견, 곧 죄 중에 있음의 쓴맛에서 영혼과 육신의 단맛으로 변화하는 과정을 언급하는 것은 우연이 아닙니다(참고: 유언 3). 또한 「참되고 완전한 기쁨」에서도 같은 내용을 발견할 수 있습니다. 이곳에서 성인은 레오 형제에게 어떤 사건으로 인해 겪게 될 모든 고난과 어려움의 종착지는 참되고 완전한 기쁨을 얻는 데 있음을 이해하도록 도와줍니다. 또한 거의 모든 「권고들」은 "복되다"라는 반복어와 연결되어 있습니다. 요약하자면 프란치스코는 자신의 양성 봉사에서 형제들이 참된 행복에 도달하기를 바랍니다. 그리고 이는 좋은 말과 축복의 말을 듣는 삶에서 자라납니다. 형제들이 기쁨과 미소의 하느님을 만나는 삶이 되길 그리고 타인을 위해 그 기쁨이 확장된 삶이 되길 바라는 것입니다.

특별히 이번 「권고」는 기쁨에 도달하는 데서 사람 사이에 말을 주고받는 것과 관련되어 있습니다. 이는 관련된 주체에 따라서 두 가지 상반된 방식과 두 가지 다른 해결책으로 나아갑니다. 첫 번째 부분은 하느님과 수도자, 타인으로 구성된 삶의 삼각관계이며, 이 안에서만 기쁨과 미소를 선사하는 말씀이 생겨납니다. 반면 두 번째 부분은 수도자와 타인의 관계만 드러날 뿐이고, 그들의 만남은 오직 헛웃음만 낳게 되는 헛된 말을 통해 이루어집니다.

첫 번째 부분(1-2절)에 등장하는 수도자는 하느님으로부터 시작되어 자신을 통해 타인에게 전달되는 기쁨과 즐거움의 흐름 속에 있기에 복됩니다. 여기서 핵심 문제는 기쁨과 즐거움의 원천이 무엇인지 밝히는 것이며, 그 답은 분명합니다. 절대적이고 완전한 기쁨과 즐거움의 원천은 바로 미소이신 하느님입니다. 그뿐만 아니라, 기쁨과 즐거움의 원천인 하느님은 우리의 주님이신 그리스도의 형상을 취하셨으며, 더 구체적으로는 "주님의 지극히 거룩한 말씀과 업적"(1절)을 통해 드러납니다. 이것이 복음, 곧 마음을 기쁘게 하는 기쁜 소식이 된 역사입니다. 프란치스코의 아름다운 표현을 빌리자면, 주님은 하느님께서 우리를 향해 말씀하시고 건네주신 "향기로운 말씀"(2신자 편지 2)입니다. 이 말씀은 당신 자신이 완전한 사랑의 신비라는 것을 드러내며, 우리를 위한 기쁜 소식입니다. 말씀의 향기는 하느님이 당신 자신에 관한 진실을 전달하고, 우리와 함께하는 하느님이라는 존재를 알린다는 사실에 있습니다. 이 말씀은 하느님의 마음에서 나와 그리스도 안에서 육을 취하셨습니다. 인간이 진정한 즐거움을 누리는 이유는 이 향기로운 말씀을 듣는 데 있습니다. 말씀은 그리스도를 통해 드러난 하느님의 마음을 선포하며, 인간의 마음과 육의 참된 본성인 열망과 갈망에 와닿습니다. 향기로운 말씀은 인간성의 가장 심오한 필요에 응답하기에 기쁨이 됩니다. 여기서 각자는 자기 옆의 형제에게 말할 때 이 향기를 담아야 합니다. 오직 이 자리에서만 좋은 말을 찾아낼 수 있습니다. 이는 단순히 타인에게 효과적이고 영향력 있는 무언가를 반복하는 것이 아니라, 자신의 진실을 이야기하는 말씀을 선물하고, 복음과의 만남으로 변화된 자기 삶의 진실을 전달하는 것입니다. 만일 우리의 말이 이 원천과 이 진실, 이 친교에서 흘러나오지 않으면, 기쁨과 즐거움을 낳는 대화를 할 수 없습니다. 자기의 진실을 이야기하며, 형제의 필요, 걱정, 두려움에 단순함과 진실성으로 자신을 내어줄 때 그 말은 배고픔을 채워주는 향기로운 선물이 됩니다. 그리고 오직 그럴 때만 우리의 말이 형제들을 하느님의 사랑으로, 온 세상을 가득 채운 그분의 영원한 미소로 이끌어 그들을 기쁨과 미소로 충만하게 할 것입니다.

이 모든 것에서 프란치스코는 사람 사이에서 참되고 유용하며 건설적인 대화의 본질을 설명합니다. 대화는 세 꼭짓점(나-하느님-타인) 사이의 연속성으로 이루어진 삼각관계여야 하며, 이는 향기로운 말씀의 순환성으로 연결됩니다. 영원한 말씀에서 비롯하여 "십자가에 못 박히신 말씀"[39](Verbum crucifixum)이 된 향기로운 말

---

39 역자 주: 십자가에 못 박히신 말씀으로 번역한 Verbum crucifixum은 보나벤투라의 말이다. 보나벤투라는 인간을 향한 하느님의 말씀을 세 가지 혹은 네 가지로 구분하는데, 이러한 구분은 하느님이 인간에게 당신을 어떻게 계시하고 어떻게 관계를 맺는지에 대한 이해를 돕는다. 그 세 가지는 "창조되지 않은 말씀"(Verbum Increatum), "육화하신 말씀"(Verbum incarnatum), "영감을 주는 말씀"(Verbum inspiratum)이다. "십자가에 못 박히신 말씀"(Verbum crucifixum)은 "육화하신 말씀"과 관련이 있고 여기에서 구분되기도 하며, 하느님의 말씀이 사람이 되어 우리와 같이 사셨다는 점을 의미한다. 참고: P. Maranesi, *Verbum (Jesus Christus)*, in *Dizionario Bonaventuriano*, Padova 2008, pp.839-858.

씀은 우리의 말을 자유롭고 진실하며 향기롭게 변화시켜, 이를 건네받는 이들에게 기쁨의 원천이 되게 합니다. 말씀으로 풍요로워지고, 좋은 말로 변화하여 의미에 굶주린 이들에게 나누어주고 그들을 하느님 안에서 미소 짓게 이끄는 것, 이것이 대화의 본질입니다. 이 삼각관계의 역동성을 벗어난 말은 결국 헛된 것으로 전락하고 맙니다.

두 번째 부분(3절)에 등장하는 수도자는 "쓸모없고 헛된 말들을 즐기는 불행"을 살고 있습니다. 즉 그는 어떠한 맛도 향기도 없는 말을 합니다. 그는 자기 자신에 대해 말하지 않기 때문에 쓸모없고, 따라서 진실하고 심오한 관계를 만들기 위해 말하지 않습니다. 결과적으로 그의 말은 헛되고 쓸모없습니다. 듣는 이를 성장시키거나 기쁨을 주는 참된 내용이 없기 때문입니다. 그의 말에는 "말씀"이 없습니다. 이러한 말의 공허하고 헛된 본성은 두 가지 조건에서 발생합니다. 첫째, 대화의 공간이 삶의 근본적인 삼각관계(나-하느님-타인) 중 한 모서리를 잃은 것입니다. 주고받는 말은 더 이상 말씀과의 직접적인 접점을 갖지 못하고, 대화는 단순히 두 주체 간의 관계로 축소되며, 일관성과 향기를 주던 지평을 잃어버린 것입니다. 둘째, 말의 원천이 바뀝니다. 말이 더 이상 말하는 이의 마음의 진실, 그의 인간성과 육에서 나오는 것이 아니라 비어있고 중립적이거나 거짓된 공간에서 나옵니다. 이 공간에는 편리와 기호에 따라 선택된 말들만 담겨있습니다. 자신의 인간성을 드러내는 어렵고 부담스러운 말 대신 누구나 사용할 수 있지만, 공허하고 헛되며 위험한 말들로 채워져 있습니다. 이런 말은 상대방이 듣고 싶어 하는 것만을 제공해 그들을 사로잡으려는 말입니다. 그것은 "사람들을 웃기려는" 공허하고 나른한 말로 자신의 진실을 감추고, 상대를 유혹하기 위해 자신을 유쾌하고 쾌활하며, 지적이고 흥미로운 사람처럼 보이게 합니다. 이러한 말은 상대방과 자신을 모두 기분 좋게 만들려 하지만, 인간성의 진정한 나눔 없이 진부함과 피상성만 남게 됩니다. 그리고 그 말은 자신의 유쾌함을 인정받으려는 욕망만을 충족시키는 헛된 공간에서 나옵니다. 그 결과 서로 웃고 있어도 그 웃음은 진정한 관계(나-하느님-타인)에서 나오는 것이 아니기 때문에 서로를 소비하는 웃음거리가 되어버립니다. 이런 사람은 자신을 참된 말로 만들지 못하기 때문에 좋은 말을 할 수 없습니다. 결국 그는 근본적으로 혼자이며, 들을 말도 나눌 말도 없는 상태가 됩니다.

마지막으로 고려할 사항은 이번 「권고」에서 자주 대조된 미소와 헛웃음에 관한 것입니다. 제 견해로 이 두 가지 태도가 본문 전체를 지배하고 있습니다. 기쁨과 즐거움을 온전히 담아내는 단어가 바로 미소입니다. 이는 선하고 참된 미소를 의미합니다. 이 미소는 하느님의 미소를 함께 나누는 것입니다. 하느님은 미소 그 자체이기 때문입니다. 하느님은 모든 것을 "보시니 참 좋았다"(창세 1,31)라며 기뻐하고 즐거워하시며, 모든 이에게 풍성하게 무상으로 당신 자신을 선물로 주시는 분입니다. 우리의 미소는 하느님의 미소가 우리를 향하고 있다는 깨달음에서 비롯하며, 그 아름다움을 타인에게 대화로 전달하고자 하는 열망에서 생겨납니다. 반면 헛되고 무익하며, 무미건조하고 상호적(나-타인)이기만 한 말은 헛웃음으로 요약됩니다. 하느님이 미소를 짓는다면, 악마는 헛웃습니다. 악마는 두 사람 사이에 생명의 만남을 가로막았다는 사실에 기뻐하며, 그들에게 공허한 말로만 영감을 줍니다. 그런 말은 겉으로는 분열을 드러내지 않지만, 실제로는 갈라놓는 말, 진정한 만남 없이 겉으로만 함께 있게 하는 말, 상대를 진심으로 마주하지 않고 자신도 마주할 필요가 없게 만드는 보호막 같은 말입니다. 따라서 "미소는 함께 나누지만, 헛웃음은 혼자 하는 것이다."[40]는 말은 사실입니다!

---

40 역자 주: 다른 인용 표시가 없어서, 이탈리아어에서 관용적으로 사용되는 말인지 속담이나 유명한 격언인지, 저자의 결론으로 요약한 말인지 정확히 파악하기 쉽지 않다. 다만 저자가 결론으로 요약한 말이라면, 이 글에서 '미소'는 공감의 상징으로, '헛웃음'은 타인과 공유하지 않는 혼자만의 즐거움으로 사용되었다는 것을 기억하면 좋을 것이다.

권고 21

헛되고 수다스러운 수도자

¹ 이야기를 할 때, 어떤 보상을 받을 의도로 자기의 모든 것을 드러내지 않고(non manifestat), "말이 앞서지"(velox, 잠언 29,20) 않으며, 오히려 말해야 할 것과 대답해야 할 것을 지혜롭게 준비하는 종은 복됩니다. ² 주님께서 자기에게 보여 주시는(ostendit) 좋은 것들을 마음속에 간직하지 못하고(참고: 루카 2,19.51) 또 다른 이들에게 행동으로 보여 주기(ostendit)보다는, 오히려 보상을 받을 의도로 사람들에게 말로 보여 주려는(cupit ostendere) 그런 수도자는 불행합니다. ³ 이런 자는 "받을 상을 이미 다 받았고"(마태 6,2.16), 그의 말을 듣는 사람들은 적은 열매를 맺습니다.

우리는 복된 종과 불행한 종의 대조를 바탕으로 한 세 개의 「권고들」 중 마지막 본문을 마주합니다. 이 두 인물 간의 관계는 여전히 말이라는 주제를 통해 조명되며, 이는 인간 사이에 진실하거나 거짓됨, 선하거나 악한 관계를 만드는 데 매우 중요한 도구입니다. 이전 「권고」 20번에서 프란치스코는 사람을 미소 짓게 하거나 헛웃게 만드는 말의 능력을 기준으로 평가하였다면, 이번에는 말의 또 다른 측면을 강조합니다. 곧 자신의 내면세계를 타인에게 드러내는 도구의 역할입니다. 이 본문에서 성인은 이전 담화에서 이미 포함한 내용을 구체화하려는 의도가 있습니다. 이전 담화에서는 향기로운 말을 사용하는 좋은 복되다고 선포하였습니다. 곧 자기의 진실성과 인간성에 뿌리를 두고, 자신이 말하는 바에 그 진실을 온전히 담아냄으로써 그 말이 기쁨의 동기가 되게 하는 것이 향기로운 말입니다. 그러나 여기에서 프란치스코는 인간적 경험에 기반을 둔 이 말을 진실하고 참된 말의 수준으로 구체화하려 합니다. 동시에 이 중요한 작업에도 두 가지 가능성이 있음을 언급합니다. 하나는 참된 행복으로 인도하며, 다른 하나는 불행을 가져옵니다.

사실 본문의 두 부분 모두에서 같은 상황이 중심에 놓여있습니다. 즉 종이 자기 말을 통해 "그의 모든 것"(1절)을, 곧 "주님께서 그의 마음에 보여주시는 좋은 것"(2절)을 밖으로 드러내는 것입니다. 특히 이것은 인간적이고 영적인 경험으로 이루어진 내면세계를 가리킵니다. 때로는 사람의 자질이나 탁월한 요소를 말할 수 있습니다. 이러한 내면의 선물은 말이라는 수단을 통해 타인에게 드러내어, 그들이 이러한 선물에 동참하게 해야합니다. 따라서 본문 전체를 지배하는 두 동사, 즉 마음속에 있는 것을 말을 통해

"드러내다"(manifestare)와 "전시하다-보여주다"(ostendere)라는 동사의 사용이 흥미롭습니다. 마음에 있는 것을 말로 드러내는 행위가 선 혹은 악으로, 참된 행복 혹은 불행의 근원이 되는 것의 핵심은 바로 그 이유와 방법에 달려있습니다. 즉 이 행위로 드러낸 바가 보상을 얻고자 하는 감추어진 의도에 기반하였는지에 달려있습니다. 이 보상의 본성에 대해서는 나중에 다시 설명하겠습니다. 하느님의 종이 자신의 내면세계, 그에게 영적인 선을 주신 하느님의 신비 그리고 이 귀중한 것을 드러내는 대상인 타인 사이의 삼각관계(자신-타인-하느님)를 어떻게 살아가는지를 세분화한 방식은 흥미롭습니다. 프란치스코는 이를 부정적인 형태로 한 번, 긍정적인 형태로 또 한 번 언급하며, 형제들에게 자신의 영적 선을 타인과 나누는 과정에서 두 가지 상호보완적인 태도를 취하도록 권고합니다. 첫째는 이것을 드러낼 때(manifestare) 신중함을 가지는 것(1절)이며, 둘째는 그것을 보여줄 때(ostendere) 구체적인 방식으로 행동하라는 것(2절)입니다.

무엇보다도 하느님의 종은 자신의 내면세계를 드러낼 때 두 가지 위험을 피해야 합니다. 이는 모든 것을 드러내는 것과 "너무 빠르게"(velox) 드러내는 것입니다(1절). 마음은 마치 정원과 같아서 신중함과 분별력이라는 울타리로 보호해야 합니다. 이를 통해 자신에 대해, 즉 자신이 가진 인간적이고 영적인 선에 대해 무엇을, 얼마나 말해야 할지 신중하게 평가해야 합니다. 프란치스코에게 신중함은 두 가지 측면으로 나뉩니다. 첫째, 자신에 대해 무엇을 말해야 할지 알아야 하며, 자신의 모든 것을 거리낌 없이 드러내는 것을 피해야 합니다. 마치 구매자 앞에 물건을 내놓듯이 자신의 모든 것을 드러내서는 안 됩니다. 우리 개인 역사의 어떤 부분은 아름답거나 혹은 고통스럽거나 "마음속의 비밀로 간직해야"(2절 참고) 합니다. 그것은 이를 아시는 분이 계시는 자리로서, 그분께서는 우리가 이 비밀을 진실하게 바라보도록 도와주십니다. 둘째, 똑같이 중요한 것으로 자신에 대해 말하는 속도를 평가하는 것입니다. 신중함이란 적절한 시간과 장소를 선택하는 것을 의미합니다. 왜냐하면 특정한 사건은 거룩한 것이고, 이를 공유하기 위한 거룩한 장소와 시간을 찾아야만 할 수 있습니다. 그래서 자신에 대해 무엇을, 어디에서, 언제 말할 것인지에 대하여 신중해야 합니다. 특히 우리의 경험이 아름답고 특별할 때, 즉 하느님의 아름다움에서 비롯된 선물을 보여주거나 이야기할 때 그 신중함이 필요합니다. 궁극적으로 프란치스코는 너무 빠르게 드러내려는 행위는 결국 그가 열망하는 칭찬과 인정이라는 보상에 있다고 지적하는 것입니다. 시장에 내놓은 물건의 비유로 돌아가 봅시다. 만약 이것이 타인의 칭찬, 곧 인정과 존경이라는 보상을 목표로 한다면, 무엇을, 어디에서, 언제 말할 것인지가 더 이상 하느님과의 관계 안에서 자신이 받은 그 선의 가치와 관리 기준에 따라 정립되지 못합니다. 대신 그 기준은 타인이 보고 들은 것에 대해 건네는 보상과 평가에 따라 결정됩니다. 만약 선을 제공하는 것이 시장의 수요에 따라 결정된다면 지혜로운 판단, 즉 간직해야 하는 선과 타인에게 나누어주어야 하는 선의 참된 가치를 평가하는 능력을 지닐 수 없게 됩니다. 어떠한 경우도 선은 결코 교환 상품이 되어서는 안 됩니다. 그렇게 된다면 이는 매춘 행위와 같기 때문입니다. 즉 본래 특별한 순간에 특정한 사람에게 선물로 주기 위해 우리에게 맡겨진 선이, 돈을 대가로 시장에 제공되는 일이 되어버립니다. 프란치스코가 지적하듯이, 하느님의 종에게는 마음속에 감추어진 참된 선이신 하느님께 다른 이들이 참여하도록 할 때 지혜로운 평가가 요구됩니다. 프란치스코가 말하는 지혜란 자신이 소유한 선에 대한 정당한 맛을 느끼는 것이며, 참된 선 자체인 분의 맛을 알려주는 것입니다. 이는 그분에 대해 분별력 있고 신중한 태도로 이야기하는 능력을 말하며, 더 나아가 그분의 이름을 헛되이 사용하지 않고, 교환 상품으로 만들지 않는 것입니다.

신중함의 두 번째 단계는 2절 후반부에 표현된 것처럼 이러한 선을 전달하는 수단에 관한 것입니다. 단순히 말만으로 전달하는 것은 그 선의 풍요를 훼손하는 것이 될 수 있습니다. 이는 그 선을 간직하기에 적합하고 거룩한 공간인 마음의 보고에서 끄집어내어 시장의 진열대 위에 올려놓는 행위가 될 수 있습니다. 반대로 이러한 선은 눈에 보이는 것이 될 때만, 즉 그 선 안에 담긴 자체의 맛과 아름다움이 타인과 세상을 감동하게 하는 선택과 행위가 될 때, 육신으로 실현하는 "행동"(2절, 곧 肉化)으로 변할 때만 적절하게 타인에게 전달될 수 있습니다. 진정으로 이 선을 드러내는 방식, 즉 우리의 선물을 타인의 눈앞에 올바르게 보여주는 방식은 그 선을 일상의 삶에서 실천하여 살아 움직이게 하고, 그 공간을 영적 선의 연장이 되도록 만드는 것입니다. 그렇게 될 때 이 선물은 타인에게 제공되지만, 동시에 일상의 행동肉化 안에 감추어짐으로써 타인에게 인식되고 인정받으려는 수단이 되지 않습니다. 분명한 것은 들리는 말보다 보이는 행동으로 선을 보여주는 것이 그 사람에게 자신의 진실성을 보이게 한다는 것입니다. 또한 자기 자신에게도 그 선이 진실하다는 것을 보증하게 합니다. 왜냐하면 이러한 선은 단지 사상이나 이야기에 그치지 않고 행동으로 나타나기 때문입니다.

프란치스코는 하느님의 종이 자신에 대해 말할 때 그 선이 진실하다는 보장이 없는 상태에서 위험한 흐름에 휘말릴 가능성을 밝히고, 형제들을 돕고자 흥미로운 동사를 사용합니다. 자신에 대해 말로 "보여주려는"(cupit ostendere) 사람은 불행에 빠질 위험이 있습니다(2절). 말은 손쉽게 사용할 수 있는 도구입니다. 그것은 마음의 모든 내용을 감싸고 매력적으로 보이게 만드는 일종의 화려한 포장지처럼 사용될 수 있습니다. 자기에 대해 이야기하고자 갈망하며, 자신의 인간적이고 영적인 자질을 말로 보여주고 싶어 하는 것은 위험한 욕망을 드러냅니다. 왜냐하면 그 사람은 타인에게 선물이 되고자 자기 인간성을 보여주기보다, 타인의 칭찬을 받고자 자신의 특별함을 보여주려는 욕망에 이끌릴 가능성이 크기 때문입니다.

프란치스코의 결론(3절)은 가혹합니다. 귀중한 선물을 과시하며, 약간의 인정이라는 보상을 얻으려 한 이 거래의 최종 결과는 판매자와 구매자 모두에게 파괴적입니다. 판매자는 자신이 갈망한 약간의 관심과 찬사를 얻지만, 그것은 곧 사라지고 맙니다. 구매자는 단지 공허한 말만, 더 정확히 말하자면 자신을 보여주려는 욕망으로 가득 찬 말만 받았을 뿐, 그것을 지속하고 효과적으로 만들어 줄 참된 인간성은 결여되어 있기에 그렇습니다.

권고 22

잘못을 고침

¹ 다른 사람이 해 주는 훈계와 문책과 꾸지람을 마치 본인이 자기 자신에게 하듯이 인내로이(patienter) 견디어 내는 종은 복됩니다. ² 꾸지람을 듣고는 그 꾸지람을 넓은 마음으로 받아들이고, 부끄러운 마음으로 순종하며, 겸허히 고백하고, 기꺼이 보속하는 종은 복됩니다. ³ 자신을 변명하는 데 빠르지 않고, 자기 탓이 아닌 죄에 대해서도 부끄러움과 꾸지람을 겸손히(humilter) 참아 받는 종은 복됩니다.

이번 본문은 "~한 종은 복됩니다"와 "~한 종은 불행합니다"의 교차적 관계를 보여주었던 「권고들」의 흐름에서 잠시 벗어나, 복된 종이라는 주제에 집중하여 그러한 종이 되려는 사람을 위해 인간적이고도 영적인 새로운 특성을 제시합니다. 이러한 형식의 전환에도 불구하고, 이전의 세 본문에서 다뤘던 일반적인 주제는 계속 이어집니다. 「권고」 19번에서는 칭찬이나 비난 앞에서 자유로운 사람을 복되다 하였는데, 이는 그 사람의 진리와 자유의 기준이 타인의 말이 아닌 하느님에게 있기 때문입니다. 이런 의미에서 이어지는 두 「권고들」은 하느님의 종이 이 자유를 지키기 위해 주의할 첫 번째 태도를 명료하게 한 것입니다. 곧 타인의 인정을 갈구하려는 걱정에 휩쓸리지 않도록 타인에게 하는 말에 관해 자각하는 것이었습니다. 가령 「권고」 20번에서 프란치스코는 형제들에게 단지 타인의 인정을 얻기 위한 쓸모없고 헛된 말의 위험성을 경고하였습니다. 이어지는 「권고」 21번에서는 하느님의 종이 타인에게 하는 또 다른 유형의 말을 다루었는데, 이 역시 위험한 것이었습니다. "형제들이여, 하느님께서 여러분에게 주신 인간적이고 영적인 선을 말로써 드러내거나 보여주려는 태도에 주의를 기울이십시오. 이러한 말은 타인의 인정을 갈구하는 도구로 전락할 수 있습니다. 그것은 여러분이 열망하는 보상으로 보입니다." 이번 「권고」도 여전히 말에 관한 문제를 다루지만, 관점이 바뀝니다. 이제 더 이상 형제들이 타인에게 하는 말이 아니라, 형제들이 듣게 되는 말에 초점이 맞춰지며, 그 말은 칭찬이 아닌 꾸지람과 판단하는 말입니다.

프란치스코는 타인이 자신을 반대하거나 비난할 때 어떤 태도를 제안할까요? 하느님의 종이 칭찬과 인정을 받을 때 교만에 빠지지 않도록 큰 주의를 기울이는 것도 중요하지만, 꾸지람과 판단을 받을 때는 더 큰 노력이 필요합니다. 즉 이러한 부정적인 말의 파괴적인 힘을 약화하는 데 그치지 않고, 이를 자기 성장과 성숙의 기회로 삼아야 합니다.

이 본문은 가혹한 비난의 말을 들을 때도 복된 종이 되려는 사람에게 프란치스코가 제시한 세 가지 지침으로 구성되어 있습니다. 또한 이는 꾸지람이 나타날 수 있는 두 가지 형태를 다루고 있습니다. 첫째는 정당한 꾸지람으로, 그 내용이 진실에 부합하는 경우(1-2절)입니다. 둘째는 부당한 꾸지람으로, 형제가 저지르지도 않은 일에 대해 비난받는 경우(3절)입니다. 두 상황을 별도로 분석해 보겠습니다.

첫 번째 형태에 관해 프란치스코는 이렇게 말합니다.

¹ 다른 사람이 해 주는 훈계와 문책과 꾸지람을 마치 본인이 자기 자신에게 하듯이 인내로이(patienter) 견디어 내는 종은 복됩니다. ² 꾸지람을 듣고는 그 꾸지람을 넓은 마음으로 받아들이고, 부끄러운 마음으로 순종하며, 겸허히 고백하고, 기꺼이 보속하는 종은 복됩니다.

프란치스코가 제시한 이 상황은 하느님의 종이 자신이 범한 잘못에 대해 받는 정당한 꾸지람을 다루고 있습니다. 이 고통스러운 사건을 성숙과 자유의 기회, 곧 참된 행복의 기회로 바꾸기 위해 프란치스코는 형제들에게 두 가지 과정을 제안합니다. 첫째로

(1절), 그는 이 상황을 파멸이 아닌 성장의 기회로 만들기 위해 필요한 선한 영과 지혜로운 태도가 무엇인지 이해를 돕기 위해 간단하면서도 효과적인 원칙을 제시합니다. 타인의 정당한 꾸지람을 받아들이는 올바른 태도는 다음과 같은 정확한 질문으로 검증되어야 합니다. "그대는 이 잘못에 대해 자신을 꾸짖을 때와 같은 인내심으로 타인이 그대에게 전하는 이 진실을 받아들입니까?" 프란치스코에게 이러한 꾸지람을 생명의 원천으로 변화시키기 위한 필수적인 전제조건은 인내입니다. 인내는 지금 발생하고 있는 사건을 경청하게 하고, 꾸지람에 주의를 기울이게 하는 근본적인 태도입니다. 그리하여 이 모든 것이 자기 자신을 더 잘 알게 하고, 진리로 나아가는 여정을 실천하여 그가 성장하는 데 매우 유용하다는 확신을 갖게 합니다. 인내는 비록 자신에게 고통스러운 일이 발생하더라도 곰곰이 살펴보기 위해 멈추는 것입니다. 꾸지람은 자기를 바라보는 타인의 눈길에서 존경심을 엷어지게 할 수 있으나 온순하고 열린 자세로, 즉 "인내로이" 경청할 때 자기 안에서 매우 가치 있는 진실을 발견하게 해줍니다. 꾸지람 앞에서의 인내는 자기 삶을 주의 깊게 듣고 성찰할 수 있는 조건이며, 이를 통해서만 자유에 이르는 진리의 여정이 시작될 수 있습니다.

꾸지람을 올바르게 받아들이는 방식을 특징짓는 부사 "인내로이"는 이어지는 두 번째 과정(2절)을 준비합니다. 여기에서 프란치스코는 꾸지람을 들은 후 하느님의 종이 취해야 할 네 가지 태도를 제안하는데, 이 모두가 "~한 좋은 복됩니다"와 연결되어 있습니다. 곧 "받아들인다", "순종한다", "고백한다", "보속한다"입니다. 이 실천적인 행위는 각각 이를 수행하는 영의 특징을 나타내는 부사와 함께 제시됩니다. 곧 "넓은 마음으로"(benigne), "부끄러운 마음으로"(verecunde), "겸허히"(humiliter) 그리고 "기꺼이"(libenter)입니다. 프란치스코에게 인내심을 가지고 받아들인 정당한 꾸지람은 자기 삶을 결단력 있게 다시 돌아보고, 자신에 대한 작업을 시작할 기회가 됩니다. 건강한 성인으로서 꾸지람과 비판을 받아들이는 사람은 그에 따른 실망감에 자기를 가두지 않고, 이 실패를 발판 삼아 자신을 개선하기 위해 다시 시작할 수 있습니다. 모든 것에서 심지어 자신의 실수조차 선한 삶을 위한 기회로 만듭니다. 이를 통해 진리와 자유, 성숙의 길을 걸으며 더욱 진실하고 형제적인 관계를 형성할 수 있기에 그의 삶은 복됩니다.

³ 자신을 변명하는 데 빠르지 않고, 자기 탓이 아닌 죄에 대해서도 부끄러움과 꾸지람을 겸손히(humilter) 참아 받는(sustinet) 좋은 복됩니다.

이제 두 번째 형태, 즉 부당한 꾸지람에 직면했을 때의 태도를 살펴보겠습니다.

사실 어떤 비판은 부당할 수 있습니다. 즉 종이 "자기 탓이 아닌 죄"로 꾸지람을 들을 수 있습니다. 이는 앞선 경우보다 겪거나 다루기가 훨씬 어려운 상황입니다. 왜냐하면 이는 완전히 부정적이고 파괴적이어서 어떤 선도 기대하기 어려운 상황으로 보이기 때문입니다. 그러나 프란치스코는 이 경우에도 복된 종이 되기를 원하는 이들에게 소중한 시간과 자리가 있음을 인식합니다. 성인의 제안은 두 가지입니다. 하느님의 종은 성급히 변명해서는 안 된다는 것과 부끄러움을 견디는 데 겸손해야 한다는 것입니다. 더 깊이 이해해 보겠습니다.

프란치스코는 형제들이 겸손해지기 위해 부당한 상황을 맹목적으로 받아들이라고 말하지 않습니다. 오히려 형제들은 변명해야 합니다. 곧 상황을 명확히 하려고 노력해야 합니다. 이는 자유와 생명의 원천인 진실을 재확인하고, 일상의 삶을 함께 나누는 사람들과 이를 공유하기 위해 노력해야 한다는 뜻입니다. 프란치스코도 그렇게 행동했습니다. 성인은 페루자에서 돌아온 어느 날 밤, 포르치운쿨라에 들어오지 못하게 하는 문지기에게 이렇게 행동합니다. "그리고 나는 다시 애걸합니다."(참 기쁨 11) 프란치스코는 닫혀버린 문 앞에서 상황을 풀어가기 위해 노력하면서 상대를 대화로 초대하여 자신이 다시 받아들여질 수 있도록 설득합니다. 즉 성인은 부당한 비난에서 자신을 방어해야 하지만, 서두르지 말아야 한다고 하는 것입니다. 그렇다면 이 제안이 의도하는 바는 무엇일까요?

우리가 부당한 대우를 받았을 때 즉각적인 반응은 두 가지 상반된 태도를 초래할 수 있습니다. 하지만 이 두 태도의 부정적인 결과는 비슷합니다. 첫째는 두려움과 굴복입니다. 이는 자신의 존엄성을 지키지 못합니다. 둘째는 분노와 폭력의 감정입니다. 이는 모든 대화의 가능성을 차단합니다. 어떤 면에서, 부당한 비난에 대응하기 전에 침착함을 유지하라는 프란치스코의 권고는 "나는 당신의 행위가 아니라 나의 반응이 두렵습니다"라고 누군가가 한 말을 상기시키는 것 같습니다. 하느님의 종은 부당한 꾸지람에 신속하게 대응할 것이 아니라 다시 한번 인내를 가지고 대처해야 합니다. 프란치스코는 복수심이 가라앉았을 때 이성적으로 보복을 계획하는 것이 좋다고 말하는 게 아닙니다. 성인이 말하는 인내는 전혀 다릅니다. 이는 부당함을 다툼으로 바꾸지 않고 대화의 장에 머물게 하는, 그 부당함에 대처할 수 있는 유일한 방법입니다. 모든 것을 인내하며 살아갈 수 있는 시간과 공간을 마련함으로써 좌절감(회피)이나 분노(다툼)라는 본능적인 반응을 완화하는 것은 이 폭력적인 상황에 내포된 인간적이고 관계적인 위험성에 압도되지 않고 상황을 다루는 것을 의미합니다. 침착함을 유지하는 것은 대화의 길을 찾을 수 있는 유일한 길입니다. 그 반대인 모든 폭력적인 반응이나 회피의 반응은 해명의 가능성, 곧 평화와 조화의 가능성을 즉시 제거해버리는 것을 의미합니다.

그러나 어떤 경우에는 인내와 대화로도 이 폐쇄적이고 적대적인 상황을 극복하지 못하며, 여전히 부당함과 거짓이 지배하는 상황이 지속할 수도 있습니다. 이런 경우 프란치스코가 부당한 비난을 듣는 하느님의 종에게 제안한 두 번째는 "부끄러움과 꾸지람을 겸손히 참아 받으라"는 것입니다. 프란치스코는 부끄러움을 꾸지람과 함께 언급하고 있지만, 부끄러움은 이 상황의 최종적인 결과로 해석되어야 한다고 생각합니다. 부끄러움은 예수님께서 부당하게 성 밖으로 쫓겨나고, 하느님의 이름으로 사형선고를 받아 십자가형을 당한 치욕입니다. 또한 프란치스코가 환대받지 못하고, 악의적이고 거짓된 비난으로 자기 집에서 배제되었으며, 자기 친구들에게 배반당한 뒤 "우리는 더 이상 네가 필요 없으니 썩 물러가거라"(참고: 참기쁨 11)라는 말을 듣는 것입니다. 부끄러움이란 타인에게 소외되어 홀로 남겨진 것이며, 그들이 합심하여 부당하게 그대를 버림받고 원치 않는 자로 소외시키는 것입니다.

이러한 상황에 직면했을 때 프란치스코가 사용하는 동사는 "(고통을) 참다"(subire)도 아니고 "싸운다"도 아닙니다. 대신 자기 어깨로 이 십자가의 무게를 떠받친다는 의미의 동사 "견딘다"(sustinere)[41]를 사용합니다. 사람이 폭력적이지 않으면서도 강

---

41 역자 주: 저자는 sustinere 동사가 어떤 고통스러운 현실을 어쩔 수 없이 수동적으로 감내하는 것이 아니라, 적극적으로 그 무게를 짊어지고 지탱하는 모습으로 설명하고 있다.

해지려면, 그러한 상황 속에서 "겸손히"(humilter) 살아야 합니다. 이 부사는 1절의 "인내로이"(patienter)라는 부사를 보완하며 완성합니다. 이 부사와 관련된 명사, 즉 겸손과 인내라는 덕은 이미 언급했듯이, 성인의 글에서 고정된 한 쌍으로 등장합니다. 이 두 가지 덕이 하느님의 종으로 살기 위해 필수적이라면, 부당한 대우를 받아 사람들의 종이 되었을 때(비참해졌을 때) 더욱 발휘되어야 합니다. 오직 겸손과 인내만이 부당한 상황에서 강요된 부끄러움을 인간성의 사건으로 변모케 할 수 있기 때문입니다. 한편으로 이 덕들은 우리가 관계의 약함과 모순에 얽매인 육의 존재라는 것을 깨닫게 하고, 자기 자신을 새롭게 경험하는 것을 가능하게 합니다. 다른 한편, 겸손과 인내로 부당한 부끄러움을 견딘다는 것은 적을 쓰러뜨리기 위해 갑옷과 무기로 무장한 군사가 되지 않겠다는 의미이기도 합니다. 오직 이런 방식으로만, 죽이지 않으면서 죽임을 당하지 않고도 거짓의 영(폭력과 죽음을 초래하는 악마가 활동하는 자리)에 맞설 수 있습니다. 이는 자신과 타인의 연약함을 받아들이는 동시에, 대화와 평화를 분열시키는 악마의 거짓에 맞서 화합하는 상징적 제안이 되게 합니다.

그런 사람은 진리와 평화를 위하여 겸손하고 인내하는 종이므로 복됩니다. 그는 하느님과 사람들의 종이며, 거짓에 굴복하지 않고 폭력의 파괴적 힘에도 지배되지 않는 사람입니다.

권고 23

겸손

¹ 자기의 주인들과 함께 있을 때처럼, 자기의 아랫사람들과 함께 있을 때도 겸손한 종은 복됩니다. ² 언제나 교정의 채찍 밑에 머무는 종은 복됩니다. ³ 자신의 모든 잘못을 내적으로 통회하고, 외적으로 고백하며, 행동으로 보속함으로써 회개하는 데에 지체하지 않는 이는 "충성스럽고 슬기로운 종"입니다(마태 24,45).

이 본문 역시 서로 다른 두 가지 주제를 나란히 담고 있습니다. 첫째, 다른 사람에게 겸손한 종은 복되다(1절)는 주제와 둘째, 자기 잘못을 회개하는 종은 복되다(2-3절)는 주제입니다. 이 두 부분은 본문의 맥락에서 두 가지 방식으로 연관성을 지녔다고 볼 수 있습니다. 즉 하느님의 종이 꾸지람을 받아들이는 것에 관한 「권고」 22번의 주제를 마무리하면서, 이를 자기 잘못에 대한 회개(2-3절)로 전환하는 결론으로 작용합니다. 동시에 이어지는 「권고들」을 여는 역할을 하며, 타인과의 비대칭적 관계에서 마음의 진정성과 관련된 중대한 문제(1절)를 제기합니다. 이러한 관점을 통해 이번 「권고」의 두 부분을 반대로 읽어볼 수 있습니다. 먼저 2-3절을 살펴보겠습니다. 이는 하느님의 종이 타인으로부터 받을 수 있는 비난의 판단을 어떻게 받아들이고, 처신해야 하는지에 대해 프란치스코가 제시하는 마지막 지혜의 권고입니다. 그런 다음 1절로 넘어가겠습니다. 이 구절은 마음의 겸손을 중심으로 한 일련의 「권고들」의 도입부이며, 비대칭적 관계 속에서 올바른 관계를 형성하기 위한 기본 태도로 겸손을 강조합니다. 따라서 본문의 두 번째 부분에서 시작해서 논의를 진행하겠습니다.

² 언제나 교정의 채찍(virga) 밑에 머무는 종은 복됩니다. ³ 자신의 모든 잘못을 내적으로 통회하고, 외적으로 고백하며, 행동으로 보속함으로써 회개하는 데에(penitere) 지체하지 않는 이는 "충성스럽고 슬기로운 종"입니다(마태 24,45).

「권고」 22번은 정당한 꾸지람과 부당한 꾸지람을 어떻게 받아들일 것인지에 대한 복잡하고 어려운 노력에 관해 다루었습니다. 이어서 이번 「권고」에서는 프란치스코가 복된 종이 되려는 이에게 제시하는 두 가지 지침으로 이를 완성합니다. 그는 교정의 회초리(virga)⁴² 아래에서 살아가는 것을 선택해야 하고(2절), 그 결과로 자신이 저지른 잘못에서 회개할 준비가 되어야 합니다(3절). 이 짧은 두 구절을 읽어보면, 단순히 율법의 하느님께서 죄의 처벌을 요구한다는 도덕주의적 관점으로 치우치는 내용이 아님을 알 수 있습니다. 오히려 자신의 죄를 지혜롭게 다루어 성장의 계기로 삼고자 하는 사람의 삶의 본질적 가치와 질에 주목한 제안으로 볼 수 있습니다.

성인이 제안한 첫 번째 지침은 "언제나 교정의 회초리 밑에 머물러라."(2절)는 것입니다. 여기서 중요한 것은, 이것이 형제들에게 강제로 부과된 상태가 아니라 그들이 자발적으로 선택한 점이라는 것입니다. 즉 노예적 복종의 삶이 아니라, 자유롭고 해방된 삶을 지향합니다. 하느님의 종은 회초리로 위협하면서 자신의 임무에 절대적으로 충실하기를 강요하는 감독관이 필요하지 않습니다. 오히려 프란치스코의 가르침에 따르면, 그는 스스로 이러한 경계를 설정하고, 하느님께서 사랑하는 자녀를 돕기 위해 사용하는 상징적 회초리로 자신을 판단하도록 맡깁니다. 이 회초리는 그를 교정하여 진리 안에서 자신을 가늠하고, 자유로운 인

---

42 역자 주: 한국어 번역에서 virga를 채찍으로 표현하였지만, 이 단어는 '막대기, 가지, 회초리'의 의미도 있다. 여기서는 내용의 어감상 채찍보다는 회초리라고 표현하였다.

간으로 성장하도록 돕습니다. 전자의 회초리, 즉 감독관의 회초리는 쉽게 인간의 존엄성을 빼앗아 가는 고문관의 도구로 전락할 수 있습니다. 반면 후자의 회초리는 책임감과 자율성 속에서 성장을 자극하는 도구로 종을 자녀로 변화시킵니다. 바로 이런 맥락에서 이전 「권고」가 다룬 정당한 꾸지람과 부당한 꾸지람에 대한 제안이 이어집니다. 이러한 꾸지람은 하느님께서 당신의 종을 돕기 위해 사용하는 "교정의 회초리"로 이해해야 합니다. 이는 어렵고 힘든 과정이지만, 종을 자유로 이끄는 여정에서 도움을 주는 도구입니다.

3절은 인간이 자신의 죄를 성찰하고 다루는 자리에 관해 이야기합니다. 프란치스코에게 주님의 집에서 "자기 잘못을 회개하는 데 지체하지 않는" 종은 "충성스럽고 슬기로운" 종으로 드러납니다. 흥미로운 점은, 이 두 번째 단계에서도 성인은 하느님의 종에게 외부에서 강제되는 처벌의 원리를 도입하지 않는다는 것입니다. 즉 다른 누군가가 죄에 합당한 벌을 부과하여 죄를 갚게 하지 않습니다. 하느님의 종은 "처벌받을(punire)[43] 존재"가 아니라, "뉘우치고 회개하도록"(penitere) 부르심을 받은 존재입니다. 이 과정

---

43 역자 주: 일부 수사본은 penitere 대신에 punire를 사용한다. 실제로 1976년 에써(K. Esser) 비판본은 punire를 사용하였고, 이전 한국어 번역도 "자기 자신을 질책하는데"라는 표현을 사용하였다.

은 단순히 대가를 치르듯 보속을 수동적으로 받아들이는 것이 아니라, 각자가 자신의 회개 과정을 주도적으로 이끌어가는 능동적 태도를 요구합니다. 이는 "회개를 다시 시작하도록 하는 것"(유언 1)이며, 프란치스코의 그리스도교 체험을 시작하게 한 그 길을 계속해서 걷는 것을 의미합니다.

동시에 이러한 회개의 능동성은 죄를 보속하기 위해 자신에게 복수하듯 고통을 가하는 자기 처벌의 성격을 전혀 가지고 있지 않습니다. 프란치스코는 하느님의 종에게 자신의 모든 잘못을 회개할 책임을 맡깁니다. 이는 먼저 내적으로 통회의 과정을 겪고, 외적으로는 고백과 보속을 동반한 실천으로 이루어집니다. 여기서 성인은 고백성사의 신학이 발전시킨 전문 용어를 사용합니다. 이 세 가지 용어를 더 넓은 관점에서 간략히 살펴보겠습니다.

첫째, 회개의 과정은 자기 상태를 자각하는 것을 전제합니다. 이는 잘못된 선택을 대하는 마음의 변화를 통해 자신에게로 돌아가는 것을 의미합니다. 하느님의 종에게 내적으로 요구되는 통회는 모든 쇄신된 삶의 출발이 되는 조건입니다. 이는 자기 삶에 대한 진정한 애정, 즉 진리와 자유의 법칙을 기준으로 자신의 선택을 새롭게 느끼고 평가하는 방식을 뜻합니다. 통회는 벌에 대한 두려움이나 처벌의 고통에서 비롯하지 않습니다. 오직 진리와 선에 대한 그리움에서 나와야 하며, 그것이 마음과 정신을 사로잡아야 가능합니다.

둘째, 회개의 과정은 두 가지 외적 선택에서 검증되고 완성됩니다. 이 선택들은 새롭게 변화된 방식으로 행동하려는 자유의지를 드러내며, 이를 어느 정도 실현하는 것입니다. 먼저 마음으로 자신의 죄를 자각하는 것(통회)은 이를 고백할 수 있게 합니다. 즉 자신의 죄를 이름 붙여 부름으로써 자신과 타인 앞에 드러내는 것입니다. 이는 자신의 죄를 하느님께 맡기는 행위이며, 진리이자 자유이신 하느님께서 이를 받아주고 용서하신다는 확신 속에서 죄로부터 멀어지게 하는 것입니다. 프란치스코는 이런 고백 이후에 또 다른 외적 회개의 과정을 제시합니다. 자신의 죄를 고백하는 것은 단순히 말에만 그치지 않고 행동으로 보속을 성취하는 것을 포함합니다. 통회는 자신의 죄를 멀리하려는 필요성을 일깨울 뿐만 아니라, 죄로 인해 손상된 관계를 회복하고자 하는 열망을 불러일으킵니다. 이는 단순히 자신을 낮추어 고통을 감내하거나 대가를 치르기 위한 것이 아닙니다. 오히려 삶을 새롭게 창조하는 과정으로, 곧 생명이 다시금 마음에 활력을 불어넣고, 정신을 올바른 방향으로 이끌며, 확실히 행동에 자유와 효과를 더하는 것입니다.

그러므로 프란치스코의 사상이나 그의 형제들에게 제안한 방식으로 보면, 회개는 인간이 하느님을 향해 저지른 오만으로 손상된 정의를 강압적 복수로 복원하려는 자기 처벌의 행위가 아닙니다. 하느님의 종이 복된 자가 되기 위해 부르심 받은 회개의 과정은 진리와 자유를 되찾기 위한 필수적인 여정입니다. 이 진리와 자유는 죄의 상처를 오히려 자신과 형제들을 위한 구원과 성장의 공간으로 변화시키는 데 필수적인 조건입니다.

앞서 언급했듯이 이번 「권고」의 내용은 2-3절의 해석 뒤에 1절을 해석하는 것이 적절합니다. 이는 1절이 이어지는 두 개의 「권고」 주제와 조화를 이루기 때문입니다. 이제 1절을 읽어보겠습니다.

¹ 자기의 주인들(dominos)과 함께 있을 때처럼, 자기의 아랫사람들(subditos)과 함께 있을 때도 겸손한(inventus est humilis) 종은 복됩니다.

첫 번째 설명은 시작하는 동사에 관한 것입니다. "~이 발견된 종은 복됩니다."(inventus est)[44] 이는 분명 마태오 복음과 루카 복음의 충실한 종과 불충실한 종의 비유를 암시합니다. 특히 예수님께서 충실한 종을 칭찬하시며 말씀하신 "행복하여라, 주인(dominus)이 돌아와서 볼 때에(invenerit) 그렇게 일하고 있는 종!"(마태 24,46)이라는 구절이 이를 잘 보여줍니다. 프란치스코가

---

44 역자 주: 우리말 번역에는 inventus est라는 말이 잘 드러나지 않으나, 이 첫 구절을 직역하면 "겸손이 발견된/겸손을 보이는 종은 복됩니다"로 볼 수 있다.

제시하는 상황은 하느님께서 예고 없이 방문하실 때 그 종에게서 발견될 습관적인 행동 양식을 말하며, 이는 하느님께서 보시기에 적합한 삶의 방식을 나타냅니다. 즉 그 사람은 매일 입고 살아가는 옷과 같은 삶의 방식이 습관으로 자리 잡은 사람입니다. 이 습관적인 방식은 그 사람이 하느님에 대해 가지는 종교적인 태도가 아니라 다른 사람에 대한 태도, 즉 아랫사람(권고 23)이나 앓는 사람(권고 24), 그 자리에 없거나 멀리 떨어진 사람(권고 25)을 어떠한 마음으로 대하는 지를 나타냅니다. 즉 그가 타인에게 보여주는 자유롭고 진실한 마음은 그 사람의 실질적인 삶의 방식을 검증하는 척도가 됩니다. 프란치스코가 말하는 아름다운 방식, 즉 그를 복되게 만드는 세 가지 특성이 세 개의 「권고」를 통해 구체적으로 드러납니다. 그는 "제때에 양식을 내어주기 위해"(마태 24,45) 자신에게 맡겨진 사람들에게 겸손하고, 관대하며, 한결같은 행동으로 주님에게 발견될 때 복된 종입니다.

아랫사람들과 함께 있을 때 겸손이 발견된 종은 복됩니다. 앞서 보았듯이, 프란치스코는 주님께서 형제들에게 주신 선 때문에 스스로 자랑하거나 높이지 말고, 타인에게 단순하게 그 선을 베풀면서 주님께 돌려드려야 한다고 자주 강조합니다. 이것이 성인이 말하는 겸손입니다. 그러나 이번 「권고」에서는 겸손의 의미를 설명하기보다는 형제들이 권력의 비대칭적 관계 속에서 이 삶의 습관이 있는지 확인할 방법을 제시하는 것으로 보입니다. 하느님의 종이 지녀야 할 참된 겸손, 곧 매일의 삶의 옷으로 인정받아야 할 겸손은 그가 윗사람(dominos)과 관계를 맺는 방식이 아니라, 아랫사람들(subditos)과 관계를 맺는 태도에서 드러나야 합니다. 왜냐하면 사회의 서열 관계에서는 두 가지 상반된 마음에 빠지기 쉽기 때문입니다. 상위 서열의 사람 앞에서는 겸손한 척하지만 하위 서열의 사람 앞에서는 오만한 태도를 보이는 것입니다. 또한 위에 있는 사람에게는 밟히는 땅처럼 행동하면서도, 자신이 아랫사람보다 우월하다고 느끼는 모순된 태도를 보입니다. 프란치스코 성인은 이러한 이분법적이고 분열적인 구조를 끊어내고, 권력 대신 나눔으로 이루어진 겸손을 통해 삶을 새롭게 하고 복되게 만들 것을 제안합니다. 이는 인간적이고 더 이상 야만적이지 않은, 참된 삶을 추구하는 길입니다.

하지만 겸손에 이끌리는 삶의 방식을 어떻게 확인할 수 있을까요? 프란치스코가 제안한 방법은 매우 효과적입니다. 그것은 우리 아래에 있는 사람에게도 우리 위에 있는 사람에게 가지는 마음과 똑같은 태도로 대하는 것입니다. 이러한 감정의 통합, 즉 겸손한 삶의 방식은 인간관계에서 놀라운 변화를 일으킵니다. 더 이상 위와 아래가 이야기되지 않을 것이며, 모든 사람이 서로 나란히 서게 되는 것입니다. 자신의 아랫사람에 대한 태도를 정할 때 윗사람에 대해 가지는 감정에 따라 행동하는 사람은 두 가지 변화를 끌어냅니다. 그는 아랫사람을 자기 곁으로 끌어올려 높고 낮음의 경계를 허물고 대립을 해소합니다. 이렇게 그들을 격상시키는 동시에 자신이 윗사람에게 억압당할 위험에서도 자유로워집니다. 이는 자신의 윗사람에게 보이는 겸손이 마음의 진실에서 나온 것임을 보여주며, 모든 것을 노예로 삼으려는 권력과 지배라는 이름의 주인에게 지배당하지 않음을 선언하는 것입니다. 이런 태도를 가진 사람은 약자 앞에서 강하고, 강자 앞에서는 약해지는 이중적 태도로 인해 자신의 존엄성과 평온을 해치는 분열증에서 벗어납니다. 반대로 그는 약자와 함께 약해짐으로써 강자 앞에서 강해질 것입니다. 이는 강자에게 자신을 지배하지 못하도록 하기 때문입니다. 그는 아랫사람에 대한 지배의 원칙을 버림으로써 피라미드식 지배 논리를 깨뜨리고, 더 강한 자가 더 약한 자를 억누르는 복수의 원칙을 뿌리부터 제거합니다. 겸손은 피라미드 구조를 무너뜨리고, 관계의 순환 구조를 만들어 가는 행위입니다.

이러한 겸손의 옷을 입은 사람은 복됩니다. 그는 자신 위에 있는 사람이나 아래에 있는 사람 모두와의 관계에서 항상 자기 자신으로 남을 수 있기 때문입니다. 또한 그는 지배자와 피지배자 사이에 생겨나는 역할의 불안에서 벗어나 마음의 단순성을 얻을 것입니다. 이로써 그는 근본적으로 폭력적이고 복수심에 찬 관계의 양극성에서 벗어나고, 동시에 타인도 권력의 병폐로부터 자유롭게 할 것입니다. 자신의 아랫사람에 대해 권력을 행사하려는 욕망을 버림으로써 그는 타인이 자신에게 행사하려는 모든 형태의 지배력을 약화하고, 결국 이를 무력화할 수 있습니다. 결과적으로 그는 복된 사람이 될 뿐만 아니라, 자기 삶의 환경도 축복받은 곳으로 변화시킵니다. 그는 피라미드형 관계를 해체하고, 상호 존중과 겸손으로 이루어진 가족 관계를 만들어가기 때문입니다.

권고 24

참된 사랑 1

형제가 건강하여 보답해 줄 수 있을 때 그 형제를 사랑하는 만큼, 형제가 앓고 있어(infirmus) 보답을 받을 수 없을 때도 그만큼 형제를 사랑하는(diligere) 종은 복됩니다.

프란치스코가 자기 형제들에게 제안한 복된 종의 두 번째 특징은 행동에서 드러나는 무상성에 관한 것입니다. 이는 우리가 앞서 겸손을 말하면서 언급했듯이 하느님의 종이자 작은 형제, 곧 그리스도인의 자격을 갖춘 사람에게 매우 소중하면서도 실천하기에는 어려운 태도입니다. 이를 확인하기 위해 프란치스코는 이전 「권고」에서 제안한 방법을 다시 사용합니다. 「권고」 23번에서 겸손은 아랫사람을 대할 때 자신의 권력으로부터 자유로워지고, 그 정상적인 관계를 뒤집는 태도를 통해 보장되었습니다. 마찬가지로 종이 하는 행동의 무상성은 병든 형제가 처한 상황, 곧 근본적으로 비대칭적인 상황에서 드러납니다.

프란치스코가 제안한 논제는 그의 교육적 논리에서 매우 명확하고 효과적이어서 추가 설명을 붙이는 게 필요하지 않으며, 오히려 어려워 보입니다. 무상성이라는 말은 「권고」 23번에서 언급한 겸손처럼 명시적으로 언급되지는 않지만, 이는 분명히 성인이 여기에서 말하고자 하는 주제입니다. 무상성이란 타인의 필요성을 깨닫고 이를 받아들이면서, 이 과정에서 손익을 따지지 않고 행동하는 태도를 말합니다. 중세 시대에는 질병을 죽음과 매우 가까운 현상으로 여겼습니다. 그래서 병든 사람은 "In-firmo", 곧 튼튼함과 "안정성"(firmo)을 잃어버린 사람이라 불렀습니다. 이와 관련해 "허약함(infirmo)에 빠진다"는 표현이 "병에 걸린다"라는 뜻으로 사용되었습니다(참고: 비인준 규칙 10,1; 인준 규칙 6,9). 이 표현은 오늘날에도 여전히 사용되고 있습니다. 그렇다면 병든 형제의 허약함과 그를 돌보며 감당해야 하는 수고를 받아들이라는 요청에 우리는 어떤 감정과 태도를 가져야 할까요?

프란치스코가 병든 사람에게 가지는 감정을 특정하기 위해 사용한 동사에서 시작해야 합니다. 이 동사는 "사랑하다"(diligere), 즉 "특별한 애정을 가지다"입니다. 우리는 이 동사를 갈등을 일으키는 어려운 형제, 원수, 죄인과 관련하여 사용했음을 이미 보았습니다(권고 9번 참고). 이번 경우에서 병든 사람은 "di-ligere"해야 할 특별한 존재, 곧 주의와 관심을 기울여 선택할 대상이 됩니다. 그는 원수와 마찬가지로 특별한 시선으로 포용해야 하며, 그의 고유한 실존을 특별하게 인식해야 합니다. 이는 그를 통해 자신의 감정과 삶의 선택이 어떠한지 드러나기 때문입니다.

하지만 이번 「권고」에서 다루는 주요한 문제는 형제들에게 병든 형제를 사랑하라고 설득하는 것이 아닙니다. 오히려 그 사랑의 태도가 본질적으로 무상성을 내포하고 있는지 확인하도록 돕는 것입니다. 특히 프란치스코는 형제들에게 헌신의 질을 보장하는 방법을 제안합니다. 그것은 병든 형제가 건강했을 때나, 다시 건강하게 될 때 느낄 수 있는 감정을 똑같이 사용하는 것입니다. 프란치스코는 이렇게 말하는 것 같습니다. "형제가 건강할 때와 아플 때 두 상황에서 그대는 어떻게 반응하는지 주의를 기울이시고, 그 감정이 똑같은지 확인해 보십시오! 그대의 관대함과 무상성의 진실은 오직 허약함으로 인해 죽음과 같은 무거움을 짊어진 형제를 대하는 감정을 통해서만 확인할 수 있습니다." 요약하자면, 「권고」 23번과 마찬가지로 프란치스코의 교육적 제안은 형제들이 마음과 행동의 일치를 실현하도록, 그들 안의 모든 형태의 관계의 이중성을 벗어버리도록 돕는 데 있습니다. 이는 형제들이 삶의 다양한 상황에서 감정이 흔들리거나 분열하지 않도록 하기 위함입니다. 오직 감정으로 통일되고 진정성을 지닌 사람, 즉 이익과 기회에 좌우되지 않는 관계의 분열증에서 치유된 사람만이 복된 사람이라 할 수 있습니다. 그는 내적으로 한결같은 상태를 유지하며, 우리의 연약한 순간에 함께하시며 겸손과 무상함이 되신 분의 이름으로, 모든 인간관계를 단순하고 진실하게 다루는 법을 배우게 될 것입니다.

병든 형제에게 취할 구체적인 선택에 대해「수도규칙」의 한 구절은 다음과 같이 명합니다. "형제들 가운데 누가 병이 나면 다른 형제들은 남이 자기 자신을 돌보아 주기를 바라는 것처럼 그에게 봉사해야 합니다."(인준 규칙 6,9) 이러한 제안은 앞선 이야기와 유사합니다. 병든 사람에 대한 무상의 감정을 갖는 것 외에도, 형제들은 병든 형제의 불안과 약함에 맞는 적절한 선택을 해야 합니다. 프란치스코는 이러한 선택을 평가하고 실천하는 데 다음의 기준을 제시합니다. 병든 형제를 섬기고자 하는 사람은 스스로 병든 사람의 입장이 되어야 한다는 것입니다. 형제들이 타인의 상황을 깊이 이해하고, 자신이 병약한 상태에 놓인 것처럼 느낄 때만 병이 든다는 것이 무엇을 의미하는지 이해할 수 있습니다. 그렇게 함으로써 병든 형제를 어떻게 섬기는 것이 최선인지도 알게 됩니다. 따라서 그는 단순히 약한 사람을 섬기며 자신의 감정이 가능한 한 무상적이고 관대한지를 검토하는 데 그치지 않고, 형제의 약함을 수용하는 가장 좋은 방법을 찾기 위해 연대와 공유의 삶으로 들어가야 합니다. 곧 병든 형제의 상황에 역지사지를 실천하여, 자신이 그 상황이라면 어떤 도움을 받고 싶을지 생각하면서 형제를 섬기는 것입니다.

따라서 타인의 권위에 순종하는 아랫사람과 마찬가지로, 바닥에 쓰러진 병든 사람은 형제들의 정체성을 나타내는 형용사 "작은"을 확인시켜 주는 모습입니다. 첫 번째 경우에 작음이 타인의 곁에서 자신을 낮추는 것을 의미했다면, 여기서는 병든 이에게 아랫사람이 되는 것을 의미합니다. 프란치스코는 자신의 글에서 종종 "아래에 둠"(subditus)이라는 형용사를 사용하며, 이는 형제들이 진정 작은 자가 되기 위해 삶의 다양한 상황에서 취할 태도를 나타냅니다. 그는 베드로 1서 2장 13절을 인용하면서 "하느님 때문에 모든 인간 피조물의 종이요 아랫사람이 되어야 합니다"(2신자 편 47)라고 말합니다. 병든 형제의 아랫사람이 된다는 것은 그의 짐을 자기 어깨에 짊어지고, 그를 약함 속에서 일으키기 위해 그의 아래 서는 것입니다. 그렇게 그의 여정을 지지하고, 그가 길가에 버려지지 않도록 자기 몸을 기꺼이 지지대로 내어주는 것을 의미합니다.

권고 25

참된 사랑 2

¹ 자기에게서 멀리 떨어져 있을 때에도 자기와 함께 있을 때처럼 형제를 사랑하고(diligeret) 존경하며(timeret), ² 그 형제 앞에서(coram ipso) 사랑 때문에 말할 수 없는 것을 그 형제 뒤에서도(post ipsum) 그에 대하여 말하지 않는 종은 복됩니다.

이번 「권고」에서 프란치스코가 형제들 사이에 아름답고 인간적인, 즉 복음의 관계를 형성하도록 돕기 위해 제안한 세 번째 관계의 상황을 마주합니다. 형제가 아랫사람인 경우, 프란치스코는 장상에게 겸손한 시선으로 타인과 나란히 서는 태도의 중요성을 강조했습니다(권고 23 참고). 병든 형제의 경우에는 건강한 형제가 아무런 조건 없이 스스로 낮아져, 병든 형제를 그 어려움에서 일으켜 세우는 노력이 필요함을 제안하였습니다(권고 24 참고). 이 세 번째 상황에서는 대등한 형제를 가정합니다. 이들은 똑같은 법적 지위를 공유하고, 각자의 책임감과 힘으로 함께 움직이는 관계입니다. 이 두 형제는 서로를 하느님의 종으로 여기며, 같은 정체성과 이상으로 연결되어 하느님 나라의 건설에 헌신하고 있습니다. 프란치스코는 이들에게 충실성이라는 관계 덕의 중요성을 상기시킵니다. 이는 겸손과 무상성에 이어 세 번째로 제안한 관계의 덕입니다. 겸손은 아랫사람 옆에 서는 태도로, 무상성은 병든 자를 위해 스스로 낮아지는 태도로 비유되었다면, 충실성에서 프란치스코는 새로운 위치를 제안합니다. 그것은 바로 타인 앞에서 살아가는 것입니다.

이 「권고」는 이전의 두 「권고」가 하나의 단일한 진술로 구성된 것과 달리 두 부분으로 나눌 수 있습니다.[45] 첫 번째 부분에서는 프란치스코가 자신의 교육적 제안의 일반적인 내용을 제시하고(1절), 두 번째 부분에서는 관계의 덕인 충실성의 특별한 측면을 강조합니다(2절).

첫 구절에서 "사랑하다"(diligere)라는 동사의 자리에 "존경하다"(timere, 두려워하다)라는 동사를 추가한 것은 단순한 우연으로 보기 어렵습니다. diligere는 이미 「권고」 24번에서 병든 형제를 대하는 태도를 나타내는 데 사용되었습니다. 하지만 이번에

---

45 역자 주: 파올라치 비판본(2009)과 우리말 번역본인 『아씨시 프란치스코와 클라라의 글』의 「권고」 25번에는 절 구분이 없다. 저자가 본문을 설명하기 위해 임의로 구분하는 것임을 밝힌다.

는 diligere만으로 충분하지 않아, 프란치스코는 "timere"를 추가하는 것이 필요하다고 느낀 것 같습니다. 따라서 이번 「권고」는 이렇게 표현됩니다. "건강한 자기 형제를 사랑하고 존경할 줄 아는 좋은 복됩니다." 그렇다면 왜 이 두 동사를 병렬로 사용했을까요? 그 답은 두 동사의 의미에서 추론할 수 있습니다. 우리는 이미 diligere라는 동사가 프란치스코의 글에 자주 등장하며, 어려움을 겪는 형제를 돌보는 데 필요한 주의와 보살핌을 가리킨다는 것을 보았습니다(권고 9번 참고). 반면 timere는 이전의 「권고들」에서는 한 번도 사용하지 않았으며, 프란치스코에게는 주로 인간이 하느님 앞에서 가져야 할 태도를 묘사할 때 쓰입니다. 이는 하느님께 두려움으로 순종해야 한다는 맥락에서 사용됩니다. 이번에 이 동사가 형제와의 관계, 즉 함께 삶을 공유하는 이들에게 처음이자 유일하게 사용되며, diligere와 나란히 놓였다는 점은 두 태도 곧 사랑과 두려움이 상호보완적임을 암시한다고 볼 수 있습니다. 이러한 태도는 사회적 지위나 건강 면에서 동등한 위치에 있는 사람에게 요구됩니다. 매일 함께 책임을 나누고 살아가는 형제에게 그의 연약함과 부족함을 받아들이기 위한 배려와 주의, 즉 사랑(diligere)을 가지는 동시에 그의 자질과 능력을 인정하기 위한 존중과 존경이 필요합니다. 이 두 가지 태도는 건강한 친밀감을 형성하는 데 필수적인 전제 조건입니다.

그러나 이 「권고」의 핵심은 다른 사람을 두려워하라는 것이 아닙니다. 오히려 형제의 연약함에 대한 배려와 능력에 대한 인정을 바탕으로 한 충실한 태도가 얼마나 참되고 진정성이 있는지 확인하는 방법에 있습니다. 프란치스코는 이러한 진정성을 판단하는 기준으로 상대방이 항상 내 곁에 물리적으로 존재한다고 여기며 행동하는 것을 제시합니다. 이러한 의식을 가지고 일상의 관계를 맺는 사람은 이중의 감정을 갖거나 선택할 수 없습니다. 이는 형제를 대하는 데 절대적인 충실성을 요구하는 하나의 행동 지침입니다. 이를 통해 형제가 부재하더라도 항상 일관된 태도를 유지할 뿐더러, 그렇게 행동해야 한다는 책임을 부여받습니다.

이번 「권고」의 두 번째 부분(2절)은 일반적인 제안을 구체적으로 설명하는 내용으로 이해할 수 있습니다. 우리가 매일 서로 주고받으며 관계를 형성하는 말은 가장 단순하면서도, 타인에 대한 마음의 충실성을 확인할 수 있는 구체적인 행동입니다. 우리는 말과 그 사용 방식을 통해 관계 속에서 우리의 감정을 이끄는 사랑과 존경이 무엇인지 드러냅니다. 본문은 두 가지 흥미로운 점을 보여줍니다. 첫째, 프란치스코는 물리적 가까움을 좋은 관계의 기준으로 다시 한번 강조하며, 충실한 사람이 타인과 대화할 때 가져야 할 올바른 위치를 명확히 제시합니다. 곧 상대방 앞에서 (coram eo) 이야기해야 하며, 뒤에서(post eum) 이야기해서는 안 된다는 것입니다. 진실한 사람은 자기 얼굴을 마주 보고 이야기해야 합니다. 더 정확히 말하자면, 진리를 사랑하는 사람은 상대와 눈을 마주하며, 자신도 눈을 맞추는 가운데 진리를 말합니다. 눈을 피하며 이야기하거나 뒤에서 이야기하는 것은 대화가 아니라 험담입니다. 진실을 말하려면 시선을 통해 진정성을 드러내야 하며, 오직 그곳에서 나온 말만이 진실하고 진리에 도달할 수 있습니다. 이는 프란치스코가 익명의 봉사자에게 이미 제안한 바와 일치합니다(봉사자 편지 참고). 그는 어려움에 놓인 형제와 관계 맺을 수 있는 유일한 방법은 사랑과 자비의 시선을 갖는 것이라고 강조했습니다. 눈을 맞추지 않거나, 자신이 눈을 맞추는 것을 허락하지 않고 하는 모든 말은, 그 자체가 진실일지라도 진정한 진리의 본질을 가지지 못합니다. 이는 시선을 통한 충실성이 결여되었기 때문입니다.

프란치스코의 대화 제안에서 두 번째 측면은 다음의 중요한 질문에 기반을 둡니다. "형제의 뒤에서 한 말을 그의 앞에서도 똑같이 말할 수 있는가?" 타인 앞에서 정직하게 말하는 것만으로는 충분하지 않습니다. "사랑으로"(2절) 말해야 합니다. 진실을 그 면전에서 말한다 해도 사랑 없이 한다면 그것은 상대방으로 하여금 뺨을 맞는 것 같은 느낌을 받게 할 수 있으며, 형제의 얼굴에 상처를 남기는 위험한 무기로 변할 수 있습니다. 반면 사랑과 존경의 태도로 진실을 말하는 것은 상대를 자비의 눈으로 바라보는 것을 의미합니다. 여기에서 상대를 향한 사랑과 진리를 향한 열정이 어우러져, 관계의 진정성을 만들어내는 공간을 형성합니다. 이런 공간만이 삶을 보호하고 풍요롭게 할 수 있습니다.

「수도규칙」에서 진실을 사랑으로 말하는 방법을 확인시켜 주는 매우 흥미로운 구절이 있습니다. 이는 진실을 자유에 이르는 길로 만들기 위함입니다. "형제들의 봉사자요 종인 형제들은 자기 형제들을 방문하고(visitent) 권고하며(moneant), 겸손과 사랑으로(humiliter et caritative) 잘못을 바로잡아(corrigant) 줄 것입니다."(인준 규칙 10,1) 마지막의 두 부사, "겸손하게"와 "사랑으로"의 중요성은 1221년 「수도규칙」과 비교할 때 더욱 분명해집니다. "다른 형제들의 봉사자요 종이 된 모든 형제는 [···] 자기 형제들을 자주 방문하고(visitent) 영적으로 권고하고(moneant) 격려해(confortent) 줄 것입니다."(비인준 규칙 4,2) 이 구절은 흥미롭고 중요한 편집 역사를 보여줍니다. 봉사자의 역할에 배정된 세 가지 동사(방문하다, 권고한다, 격려한다) 중에서 최종 본문에는 처음 두 동사(방문하다, 권고한다)만 남았고, 마지막 동사는 법률적으로 더 강한 표현으로 대체되었습니다. 즉, "격려한다"(confortent)에서 "교정한다"(corrigant)로 바뀌었습니다. 이는 프란치스코의 친구이자 법률가였던 우골리노 추기경이 개입했을 가능성을 보여줍니다. 그는 1223년 「인준받은 수도규칙」을 작성할 때 프란치스코와 함께 있었습니다. 봉사자에게는 형제들의 삶에 개입할 수 있는 권한이 필요했으며, 단지 권고하고 격려하는 것뿐만이 아니라 교정할 수 있어야 했습니다. 그러나 우골리노가 의도한 이 변화에는 이전 본문에서 필요하지 않았던 두 부사가 추가되었습니다. 바로 "겸손과 사랑으로" 교정하라는 것입니다. 이는 프란치스코가 의도적으로 삽입한 것으로 보이며, 중요한 동사이지만 형제 관계에서 위험할 수 있는 이 표현을 작은 자요 복음의 방식으로 균형 잡으려는 의도가 담겨있다고 생각됩니다. 즉 누군가를 교정할 때는 사랑과 겸손으로만 가능하다는 메시지를 전달하는 것입니다.

이번 「권고」에서 다시 등장하는 같은 주제는 말의 진실성입니다. 이 진실성은 아마도 타인과의 관계에서 어려운 상황과 태도를 교정하려는 것일 수 있습니다. 그러나 이 진실성은 반드시 형제의 선을 향한 사랑과 개입하는 자의 권력 없음의 태도로서 겸손이 서로 어우러져야 합니다. 프란치스코는 한 가지를 확신합니다. 오직 사랑과 그에 동반한 겸손만이 진실에 궁극적인 자유를 부여할 수 있습니다. 또한 오직 사랑과 겸손만이 두 시선의 만남에서 서로를 공격하는 진실의 대결이 아닌, 진실한 열망으로 서로의 눈에서 사랑과 두려움, 곧 삶을 지키려는 이유를 발견하며, 충실하게 형제 관계를 유지하게 만듭니다.

매일 형제들과 함께 살아가는 이 사람은 복됩니다. 그는 건전한 환경을 만들어갈 것이며, 그곳에서 다양성은 갈등의 원인이 아니라 진정한 대화의 공간이 될 것입니다. 때로는 강렬한 대립이 있을 수 있어도 언제나 상대를 존중하는 태도는 변함없을 것입니다.

권고 26

하느님의 종들은
성직자들을 존경할 것입니다

¹ 거룩한 로마 교회의 규범에 따라 바르게 생활하는 성직자들에게 믿음을 지니는 하느님의 종은 복됩니다. ² 하지만, 이들을 업신여기는 자들은 불행합니다. 비록, 그들이 죄인들이라 하더라도, 주님 자신만이 이들에 대한 심판을 당신 자신에게 유보하시기에 아무도 이들을 심판하지 말아야 합니다. ³ 그들 자신도 받아 모시며 그들만이 다른 이들에게 나누어 주는, 우리 주 예수 그리스도의 지극히 거룩하신 몸과 피에 봉사하는 그들의 직분이 다른 모든 것보다 더 큰 것이기에, ⁴ 이들에게 죄를 짓는 자는 이 세상의 다른 모든 사람에게 죄를 짓는 것보다 그만큼 더 큰 죄를 짓는 것이기 때문입니다.

이번 「권고」는 프란치스코의 짧은 28개 본문의 마지막으로 간주할 수 있습니다. 사실 다음에 나오는 「권고」 27번은 이전 「권고들」과는 문체가 다르고, 요약적인 결론으로 여겨지기 때문입니다. 또한 「권고」 28번은 적절하지 않은 위치에 있는 것으로 보입니다. 이는 아마도 「권고」 21번과 같은 내용을 다루지만, 실수로 분리되어 마지막 위치에 놓인 것으로 추정합니다. 이 「권고」를 프란치스코의 교육적 제안의 마지막으로 볼 수 있다는 가설은 다음의 이유에서 간접적으로 뒷받침됩니다. 우선 이 「권고」는 성체성사에 관한 「권고」 1번과 주제의 측면에서 밀접한 연관이 있습니다. 즉 그리스도의 몸이라는 주제가 「권고들」의 시작과 끝을 이루게 되는데, 프란치스코는 이 겸손한 사랑의 신비에서 형제 사이의 관계적 영감의 원천과 교회 내 그들 정체성의 목적지를 발견합니다. 저는 모든 수사본 전통이 전하는 「권고들」의 본문 순서를 유지하면서도, 마지막에서 두 번째인 「권고」 27번을 맨 끝으로 옮겨서 프란치스코가 형제들에게 제안한 주제들의 종합적 결론으로 삼을 것을 제안합니다.

이번 「권고」에서 다루는 주요 주제는 성체성사가 아니라, 하느님의 종이 성직자에게 마땅히 보여야 할 존경입니다. 이 문제는 당시 교회에서 심각한 문제로 여겨졌습니다. 제4차 라테라노 공의회에서 발표한 성직자에 관한 개혁 법령은 당시 성직자들의 도덕적이고 법률적인 상태에 상당한 문제가 있었음을 시사합니다. 공의회는 성직자들에게 정결(14조), 음주 절제(15조) 그리고 미사 집전과 성무 거행의 의무(17조)를 엄중히 요구했으며, 이러한 전례적 의무들이 종종 제대로 이행되지 않거나 무시되었음을 지적했습니다. 많은 성직자는 윤리적 결핍과 심각한 무지의 상태에 있었으며, 일부는 반 문맹에 가까웠습니다. 이들은 단순히 예식만 거행하였으며, 설교나 교리 교육 없이 마치 주술적 의식처럼 진행하는 경우마저 있었습니다. 이러한 상황은 카타리파나 발도파 등 다양한 이단 운동이 공격하기 쉬운 환경을 제공했습니다. 이들은 성직자의 거룩함이 전례 행위의 유효성을 위한 필수 조건이라고 주장하며, 사제들의 성사 집전의 권한을 부정했습니다.

프란치스코는 이번 「권고」에서 복잡한 교회의 상황을 직접 다루며, 교회에서 합법적으로 서품된 성직자에게 절대적인 존경과 공경심을 가져야 한다고 선포합니다. 이는 성직자의 도덕적 또는 신학적 자질과는 무관합니다. 이 「권고」는 두 부분으로 구성됩니다. 첫 번째 부분(1-2절)에서는 복되다와 불행하다라는 두 가지 길의 문학적 방식을 다시 활용하여 하느님의 종이 성직자에게 무조건의 존경을 가져야 함을 강조합니다. 두 번째 부분(3절)에서는 이러한 절대적 선택을 정당화하는 근본적인 이유를 제시합니다.

"성직자들을 존경하는 종은 복되며, 그들을 업신여기는 자는 불행합니다!"(1-2절) 이러한 이중의 호소는 프란치스코가 존경받아야 마땅한 성직자에 대해 설명한 내용을 고려할 때 더욱 중요한 의미를 갖습니다. 즉 성직자는 "거룩한 로마 교회의 규범에 따라

사는 자"로서, 합법적으로 서품되고 그 소속을 유지하는 사람입니다. 서품된 자의 이러한 본성은 그 구성원이 죄를 짓더라도 손상되거나 부정되지 않습니다. 즉 개인의 상태가 그의 신분과 모순되더라도 그것은 본성에 영향을 미치지 않습니다. 프란치스코는 이처럼 분명한 입장을 통해 부당한 성직자를 거부하려는 이단 운동의 시도와 단호하게 거리를 둡니다. 성직자에 대한 존경심은 그들의 도덕적 자질이나 신학적 능력과 관련되지 않으며, 교회가 부여한 사명과 관련됩니다. 따라서 목자들의 삶에 관한 판단은 하느님의 종이 아니라 오직 하느님께 속합니다. 성직자에 대한 어떠한 형태의 비난도 심각한 죄가 될 수 있으며, 이는 "세상의 다른 모든 사람에게 죄를 짓는 것보다 더 큰 죄를 짓는 것"(4절)입니다.

두 번째 부분(3절)은 프란치스코가 자기 입장을 옹호하기 위해 제시한 근거를 보여주며, 그 근거는 성체성사에 기반을 두고 있습니다. 성직자가 지은 죄를 이유로 그들의 역할을 부정하거나 그들을 판단할 수 없는 이유는 무엇일까요? 더 나아가 왜 이러한 판단이 가장 심각한 죄가 되는 걸까요? 프란치스코의 성찰은 단순히 교회가 성직자에게 부여한 권위에 관한 것이 아니라 하느님의 행위에 초점을 맞춥니다. 그는 성직자에 대한 존경심이 그들 삶의 질이 아닌, 그들에게 주어진 사명과 관련이 있음을 반박할 수 없는 방식으로 확언합니다. 프란치스코의 논리 중심에는 성체성사의 신비가 있으며, 이는 오직 사제들만이 보여줄 수 있는 위대한 신비를 가리킵니다. 이것은 단순한 예식 행위의 본질이 아니라 성체성사에서 드러나는 하느님의 행위에 관한 것입니다. 그는 「권고」 1번에서 성체성사가 "주님의 말씀을 통하여 제대 위에서 사제의 손으로 축성되는 것"(권고 1,9)이며, "매일 사제의 손을 통해 아버지의 품으로부터 제대 위에 내려오는 것"(권고 1,18)이라고 강조했습니다. 하느님께서는 빵과 포도주 안에서 당신의 현존을 집전자의 거룩함에 의존하지 않으시며, 오히려 그들의 부족한 손에 무조건 당신을 맡기십니다. 이것이 하느님 겸손의 신비라면, 즉 성직자들의 부족함에도 불구하고 그들의 손에 당신을 맡기시는 것이라면, 우리는 그들을 더욱 존경하고 공경해야 합니다. 오직 그들만이 이를 받아서 다른 이들에게 나누어줄 수 있기 때문입니다(3절). 결국 프란치스코에게 성직자의 부족함을 이유로 그를 배척하거나 판단하는 죄는 본질적으로 하느님께 짓는 죄입니다. 그러한 판단은 하느님께서 보여주시는 논리를 거부하는 것이니, 하느님은 매일 당신을 낮추시어 거룩하지 못한 손에 다루어지고 만져지도록 허락하시기 때문입니다.

프란치스코는 같은 이유를 자신의 「유언」에서 다시 확증합니다. 여기에서 그는 주님께서 자신에게 주신 믿음의 선물을 회상합니다. 이 믿음은 산 다미아노의 가난한 사제와 함께 지냈던 초창기에 받은 것이며, 프란치스코는 죽기 전까지도 성직자들을 공경하겠다는 굳은 결심을 다시 확인합니다. "그들과 다른 모든 사제들을 마치 나의 주인인 듯 두려워하고 사랑하며 존경하기를 원합니다. 그리고 그들 안에서 나는 하느님의 아들을 알아보고, 또 그들이 나의 주인이므로, 그들 안에서 죄를 보고 싶지 않습니다. 내가 이렇게 하는 이유는, 사제 자신들도 받아 모시고 사제들만이 다른 이들에게 나누어 주는 주님의 지극히 거룩한 몸과 피가 아니고서는 이 세상에서 하느님의 지극히 높으신 아들을 내 육신의 눈으로 결코 보지 못하기 때문입니다."(유언 8-10) 매일 사제의 손 안에서 당신 자신을 낮추시는 하느님의 겸손은 프란치스코에게 식별의 눈을 갖게 합니다. 이는 지금 눈에 보이는 현실과 하느님 아들의 얼굴을 구별하는 능력으로, 그분은 교회의 연약하고 비참한 육 안에서 계속해서 강생하십니다. 성체성사는 인간의 육으로 강생하신 그분의 현존을 지속해서 보증하는 적합한 자리이며, 매일 교회의 가난한 육 안에서 강생하시는 그분을 인식하는 척도가 됩니다. 완벽하거나 뛰어난 사람들, 즉 자신을 보증할 수 있는 이들이 그리스도의 분명한 성사가 되는 것이 아닙니다. 오히려 가난한 이들의 불완전하고 상처 입은 육이 그분의 얼굴을 드러냅니다. 이렇게 역설적인 방식으로 자신을 드러내시는 하느님은 매 순간 겸손과 무상성의 영을 요구하십니다. 이는 교회적이고 성체성사적인 육 안에서 그분의 자기비허(kenosis)를 인식하고 받아들이기 위한 필수 조건입니다.

 프란치스코의 성직자에 대한 이러한 신학적 옹호는 그들이 자기 삶과 성사 집전을 통해 주님의 얼굴을 드러내야 한다는 중요한 책임을 상기시키는 것을 방해하지 않습니다. 프란치스코는 성직자를 판단하려는 이들에게 하느님의 겸손을 상기시키며, 그들의 대체 불가능한 역할을 인정하도록 촉구합니다. 반면 성직자들에게는 그들이 짊어진 막중한 책임과 일관성을 강조합니다. 이는 프란치스코의 「성직자들에게 보낸 편지」에서 명확히 드러납니다. 그는 성직자들에게 그들의 손을 통해 거행되는 신비와 다른 이들에게 전달되는 하느님의 현존을 합당히 거행할 것을 상기시킵니다. 또한 사제 형제들에게는 성화의 소명을 상기시키며, 그들이 거행하는 신비와 조화를 이루는 삶을 살아야 한다고 강조합니다. 이 거룩함은 단순히 신비에 대한 신학적 이해나 중요한 전제조건인 전례 거행의 질적인 측면으로 축소될 수 없습니다. 오히려 성직자의 거룩함은 자신을 선물로 내어주고 관대함으로 가득 찬 삶의 태도를 통해 드러납니다. 이는 매일 제단 위에서 자기 손을 통해 당신을 내어주시는 하느님의 논리와 무상성을 받아들이고, 이를 자기 삶에 구현하는 데서 실현됩니다. "사제 형제들이여, 여러분의 품위를 생각해 보십시오. 그리고 그분이 거룩하시니 여러분도 거룩한 사람이 되십시오. 그리고 이러한 봉사직 때문에 주 하느님께서 여러분을 모든 사람 위에 영예롭게 하셨으니, 여러분도 모든 사람 위에 그분을 사랑하고 받들고 공경하십시오. 여러분이 이렇게 눈앞에 그분을 모시고 있으면서 온 세상의 다른 일에 마음을 쓴다면 이는 참으로 가련한 일이고, 가련하기 짝이 없는 나약함입니다. 살아계신 하느님의 아드님, 그리스도께서 사제의 손안에서 제대 위에 계실 때, 모든 사람은 두려움에 싸이고 온 세상은 떨며 하늘은 환호할지어다! 오, 탄복하올 높음이며 경이로운 공손함이여! 오, 극치의 겸손이여 오, 겸손의 극치여! 우주의 주인이시며 하느님이시고 하느님의 아들이신 분이 이토록 겸손하시어 우리의 구원을 위해서 하찮은 빵의 형상 안에 당신을 숨기시다니! 형제들이여, 하느님의 겸손을 보십시오. 그리고 그분 앞에 여러분의 마음을 쏟으십시오. 그분이 여러분을 높여주시도록 여러분도 겸손해지십시오. 그러므로 여러분에게 당신 자신 전부를 바치시는 분께서 여러분 전부를 받으실 수 있도록 여러분의 것 그 아무것도 여러분에게 남겨 두지 마십시오."(형제회 편지 23-29)

그러므로 성직자의 부족함 속에서 하느님의 겸손을 인식하는 종, 즉 하느님께서 당신을 그들 손에 맡기신다는 것을 깨닫는 종은 복됩니다. 반면 성직자를 경멸하고 멸시하며 거부하는 이는 하느님의 가난하고 겸손하신 모습에 가까이 다가가기를 거부하기에 불행합니다. 또한 자신의 사명을 삶의 양식으로 삼아 사랑의 겸손을 드러내는 성직자는 복됩니다. 그러나 하느님의 얼굴을 감추고 부인하며, 권력과 지배의 욕망으로 왜곡된 얼굴을 드러내는 성직자는 불행합니다.

권고 28

선을 잃지 않도록 감춥시다

[1] 주님께서 자기에게 보여주시는 좋은 것들을 "하늘에 쌓아 두며"(마태 6,20), 그것을 보상받을 의도로 사람들에게 드러내려 하지 않는 종은 복됩니다. [2] 지극히 높으신 분께서 친히 당신 마음에 드는 사람이라면 누구에게나 당신 종의 업적들을 드러내실 것이기 때문입니다. [3] 주님의 비밀을 "자기 마음속에 간직하는"(루카 2,19.51) 종은 복됩니다.

이미 언급했듯이 이전 본문과는 본질적으로 매우 다른 성격을 지닌 「권고」 27번은 뒤로 미루고, 이제 마지막 본문인 「권고」 28번으로 논의를 이어가겠습니다. 이 본문은 그 내용에서 「권고」 21번과 깊이 연관됩니다. 두 본문은 주님의 종이 하느님께 받은 영적이고 지적이며 실존적인 선물을 타인에게 어떻게 전달해야 하는지에 대한 문제를 공유합니다. 먼저 하느님께서 종에게 맡기신 선의 본질을 살펴볼 필요가 있습니다. 이번 「권고」에서 제시된 두 가지 참 행복 선언에서 프란치스코는 인간에게 맡겨진 소중한 선물을 두 가지 방식으로 설명합니다. 주님께서 보여주신 "선을 하늘에 쌓아두는" 종은 복되며(1절), "주님의 비밀을 마음속에 간직하는" 종도 복됩니다(3절). 종에게 "보여주신 선"과 "주님의 비밀"은 긴밀히 연결되며, "하늘에 쌓는 것"은 사실상 마음의 보고에 간직하는 것을 의미합니다. 일반적으로 이러한 선은 인간이 하느님과 그분의 신비로부터 받을 수 있는 경험적인 비밀로 묘사될 수 있습니다. 이 선은 특별히 보존해야 하는 성격을 지니며, 이는 주님의 영이 인간의 영에게 계시하는 비밀스러운 부로서 드러내면 쉽게 손상됩니다. 이는 "선이시고 모든 선이시며 으뜸 선이신"(하느님 찬미 5) 분의 현존으로, 인간의 마음에 주어진 비밀 중의 비밀입니다. 이러한 현존은 친밀함과 보존을 요구하며, 하느님의 종이 그 내적인 선의 현존을 "우리의 흡족한 온갖 보화이시나이다"(하느님 찬미 10)라고 선포하도록 합니다. 이 복됨에서 하느님의 종은 「인준받지 않은 수도규칙」의 한 구절에서 제시된 바를 실천하도록 부르심을 받습니다. "우리는 성부와 성자와 성령이신 전능하신 주 하느님께 집과 거처를 항상 마련해 드립시다."(비인준 규칙 22,27) 이 복됨은 마음의 집에 그 현존을 보존하고, 그것을 귀하고 신비로운 선으로 경배하는 것입니다. 그리고 이러한 보존은 특히 그 선을 교환 상품으로 삼거나, 어떤 이득을 얻기 위해 판매하는 것으로 전락시키는 것을 막아줍니다.

이로써 우리는 본문의 두 번째 측면으로 들어갑니다. 여기서 프란치스코는 하느님께서 당신 종에게 맡기신 것의 본질을 밝힌 뒤, 잘못된 관리로 인해 이 선을 잃거나 상실할 위험을 형제들에게 경고합니다. "하늘에 선을 쌓는다", 즉 "주님의 비밀을 마음속에 간직한다"는 것이 실제로 무엇을 의미하는지는 첫 번째 복됨의 두 번째 부분에서 구체적으로 드러납니다. 이는 "그것을 보상받을 의도로 사람들에게 드러내지 않는 것"(1절)을 의미합니다. 프란치스코는 부정적인 방식으로 이렇게 경고하는 것처럼 보입니다. "하느님께서 그의 마음 깊은 곳에서 비밀스럽게 보여주신 영적 선을 교환의 재물로 삼는 종은 불행합니다." 하느님께서 밭에 숨겨둔 귀중한 진주는 열성과 단순함으로 간직해야 하며, 어떤 경우에도 잘못된 판단으로 물질의 대가가 더 귀하고 유익하다고 여겨 이를 팔아서는 안 됩니다. 즉 "보상받을 의도"(1절), 타인의 인정과 존경을 얻으려는 마음으로 그 선을 팔아서는 안 된다는 것입니다. 그렇게 되면 타인의 평가가 선이시며 비밀이신 분과 고요한 현존의 접촉을 통해 얻은 경험보다 더 중요하게 여겨질 것입니다. 이는 마치 "불콩죽 한 그릇"(창세 25,34)에 장자권을 넘기는 위험에 빠지는 것과 같습니다.

프란치스코는 같은 맥락으로 「인준받지 않은 수도규칙」에서 형제들에게 주님을 위한 영원한 거처를 자신 안에 마련하라고 촉구합니다. 그러나 이 현존은 마음과 정신에 간직하더라도 쉽게 소홀히 하거나 잃어버릴 수 있습니다. 그는 다음과 같이 경고합니다. "사탄의 사악함과 교활함에 온갖 주의를 다합시다. 사탄은 인간이 자신의 정신과 마음을 주 하느님께 향하지 않기를 바라고 또한 주위를 배회하면서 어떤 보상이나 도움을 구실로 인간의 마음을 빼앗아 가고, 주님의 말씀과 계명들을 기억에서 질식시키기를 바랍니다. 또한, 이 세상일과 걱정에 사로잡히게 하여 인간의 마음을 눈멀게 하고 자기가 그 자리를 차지하려고 합니다. [⋯] 그러므로 우리 모든 형제는 무슨 보상이나 업적이나 도움을 구실로 우리의 정신과 마음을 주님에게서 떨어지게 하거나 빼앗기지 않도록 우리 자신을 힘써 지킵시다."(비인준 규칙 22,19-25) 그러나 저는 지나친 업무나 봉사로 인해 주님을 마음속에서 몰아내는 일이 단순히 바쁨에서 비롯한다고 생각하지 않습니다. 즉 기도나 주님께 경배드릴 시간이 없을 정도로 바쁘다는 이유만으로 그렇지 않다는 것입니다. 예수님이 마르타를 꾸짖으신 일은 오히려 긍정적인 걱정과 관련이 있습니다. 예수님은 마르타에게 이렇게 말씀하시는 것처럼 보입니다. "자매여, 그대는 나를 집에 모시기 위해 많은 일에 헌신하고 있지만, 그 과정에서 나를 소홀히 하고 나를 위한 시간을 내지 못할 위험이 있습니다." 그러나 마르타의 걱정과 염려는 예수님을 멀어지게 하지는 않았습니다. 그것이 완벽한 방식은 아니었을지라도 분명 사랑으로 행해졌기 때문입니다. 반면에 마음과 정신에서 모든 선과 모든 비밀이신 주님을 지워버릴 수 있는 나쁜 걱정도 존재합니다. 이러한 걱정은 자신의 선을 자랑하거나 타인에게 과시하려는 마음에서 비롯하며, 이를 값비싼 물건처럼 보이게 하려는 의도와 연결됩니다. 이러한 걱정은 자기 마음에 모신 그분을 섬기기 위한 것이 아니라 타인의 인정과 칭찬을 얻기 위해, 즉 보상을 얻기 위해 주님을 자신의 이익에 이용하는 데 초점이 맞춰져 있습니다. 이 경우 예수님은 더 이상 소중한 손님이 아니라 자랑하고 뽐낼 상품으로 전락합니다. 그 순간부터 그분은 더 이상 우리 마음속에 거하지 않으십니다. 우리가 인정과 칭찬을 얻기 위해 "은돈 서른 닢"(마태 26,15)에 그분을 팔아 버렸기 때문입니다.

자기 내면에서 단순하고 겸손한 방식으로 친밀함을 경험하며, 그것을 타인에게 드러낼 필요 없이 주님의 현존을 만나는 사람은 평온하고 자신에게 만족하는 기쁨을 누립니다. 그리고 그것만으로 충분합니다. 반면 영적인 것을 거래하려는 행동은 한 가지 근본적인 불안을 드러냅니다. 그것은 자신의 가치를 증명하려는 초조함입니다. 타인이 자신을 특별하게 여기고 인정해 주기를 바라며 시간을 소비하는 사람은 늘 자신과 자기 행동에서 산만함을 느낍니다. 그의 일부는 끊임없이 타인이 자신을 얼마나 주목하는지에 신경을 쓰기 때문입니다. 하지만 이러한 사람은 결코 복될 수 없습니다. 그의 내면 중심, 그의 비밀, 그의 영적인 삶이 본질적으로 자신에게 충분하지 않기 때문입니다. 그는 자신에게 만족하지 못하며, 타인의 인정을 통해 자신의 부족함과 낮은 자존감에서 오는 불안을 극복하려고 합니다. 반면 자신에게 만족하며, 자신의 정체성을 발견하는 내면의 중심을 관상하면서 사는 사람은 타인에게 무언가를 증명하려 애쓸 필요가 없습니다. 그는 단순하고 겸손하게 살면서 타인의 평가를 계산하느라 느끼는 불안에서 자유로워질 것입니다. 이는 그가 "지극히 높으신 분께서 친히 당신 마음에 드는 사람이라면 누구에게나 당신 종의 업적들을 드러내실 것"(2절)이라고 확신하기 때문입니다.

결론 : 권고 27

악습을 몰아내는 덕

¹ 사랑과 지혜가 있는 곳에 두려움도 무지도 없습니다.

² 인내와 겸손이 있는 곳에 분노도 동요도 없습니다.

³ 기쁨과 더불어 가난이 있는 곳에 탐욕도 인색도 없습니다.

⁴ 고요와 묵상이 있는 곳에 걱정도 방황도 없습니다.

⁵ "자기 집을 지킴에"(루카 11,21) 주님의 두려움이 있는 곳에 원수가 들어갈 곳이 없습니다.

⁶ 자비와 신중함이 있는 곳에 지나침도 완고함도 없습니다.

"이러한 경우 만약 내가 인내를 가지고 마음의 평정을 잃지 않는다면, 바로 여기에 참된 기쁨이 있고 또한 참된 덕도 영혼의 구원도 있다고 나는 형제에게 말합니다."(참기쁨 15) 이 문장은 프란치스코가 레오 형제에게 들려준 자전적 비유 「참되고 완전한 기쁨」의 결론입니다. 이야기에서 화자는 포르치운쿨라에서 형제들이 자신을 받아들이지 않고 거부했을 때, 자신이 어떤 반응을 보여야 할지 결론을 내리지 않은 채 이야기를 마무리합니다. 이러한 결말의 중단은 중요한 메시지를 담고 있습니다. 그 비극적인 밤, 프란치스코는 부당한 거부를 마주하며 자신의 마음속에 인내의 덕이 자리하고 있는지, 아니면 분노라는 악습이 지배하고 있는지 스스로 점검해야 했습니다. 그동안 자신이 프란치스코 형제로서 선언해 온 모든 것, 즉 작은 형제라고 확신과 자부심을 가지고 외쳤던 모든 것이 바로 닫혀있는 문 앞에서 시험대에 오른 것입니다. 예상치 못했던 그리고 받아들이기 어려운 이 상황은 타인을 향한 질문이 아니라, 자신에 대한 본질적인 물음을 요구하고 있었습니다. "그대는 진정 그대가 주장한 대로 프란치스코 형제입니까? 오랜 회개 생활이 그대를 진정 복된 종으로 변화시키고 새로운 삶으로 이끌었습니까? 아니면 형제들의 배신 앞에서 여전히 초기의 기사와도 같은 마음을 품고 있습니까?"

「권고들」의 요약이자 결론으로서 마지막에 다시 배치한 27번째 본문은 「참되고 완전한 기쁨」과 맥을 같이합니다. 프란치스코가 형제들이 닫아버린 문 앞에 서서 그들의 폭력적인 거부의 표시를 마주했을 때, 이 「권고」의 6개 구절을 반복했으리라 상상할 수 있습니다. 그는 자신에게 묻듯, 하느님의 종이자 작은 형제의 덕이 무엇인지 그리고 소유주와 지배적인 기사의 악습이 무엇인지 떠올렸을 것입니다. 그 닫힌 문 앞에서 그는 지혜를 통해 생명의 길과 죽음의 길이 무엇인지 돌아보아야 했고, 자신이 버림받고 거부당하는 순간 느끼는 감정에 귀를 기울여야만 했습니다.

프란치스코가 이 마지막 「권고」에서 단순하게 악습과 덕을 대조하며 읊은 이 노래는, 형제들에게 주었던 모든 교육적 제안의 놀라운 종합이라 할 수 있습니다. 「권고들」의 근본 목표는 하느님을 논하기보다는 인간에게 초점이 맞추어져 있습니다. 이는 창조주를 영광스럽게 할 가장 좋은 방법을 모색하는 것이 아니라, 인간을 복되게, 즉 자유롭고 가볍게 만드는 데 목적이 있습니다. 「권고들」은 인간 마음속에 숨어있는 미묘하고도 예측할 수 없는 기제를 드러냄으로써 형제들이 작은 형제라는 고유한 정체성을 잃지 않도록 돕고자 했습니다. 이를 통해 형제들이 참된 기쁨, 곧 참된 덕에 도달하여 확신에 찬 삶을 살며, 영혼의 구원에 이를 수 있도록 돕는 것이 프란치스코의 의도였습니다.

하느님의 종에게 요구되는 지혜의 여정은 때로 관계 속에서 고통스러운 놀라움과 실존의 예측 불가능함을 마주하지만, 결국 복됨과 기쁨, 즉 완전한 인간다운 실존으로, 곧 생명으로 인도되어야 합니다. 생명의 길이 무엇인지 검증하는 기준은 인간에게 쓴맛과 괴로움의 원천이 되는 권력과 지배라는 악마의 유혹에서 벗어나, 형제애로 이루어진 복음의 길을 걸어갈 때 맺게 되는 열매에 있습니다. 그 열매는 겸손과 인내를 바탕으로 형제 관계를 구축하는 것입니다. 오직 이러한 덕을 통해서만 친밀함의 공간을 창조할 수 있고, 수용과 용서의 공간이 만들어지며, 삶에서 언제나 새로운 가능성을 열 수 있습니다. 프란치스코가 제시한 덕을 소유하고, 이에 반대되는 악습에서 자유로운 사람은 진정 하느님의 종입니다. 그는 더 이상 삶의 쓴맛에 얽매인 노예가 아니라, 새롭게 변화된 실존 속에서 감미로움을 누리는 사람입니다.

그러나 유덕한 선택은 많은 덕과 강한 의지를 요구합니다. 자기 자신을 속이는 모든 구조를 드러내려면 자신에게 진실할 힘, 성숙한 어른으로서의 용기가 필요합니다. 만약 자신이 이러한 덕을 갖추고 있다면, 즉 작은 형제로 살면서 악습을 피하고 권력욕에서 자유로워졌다면, 그때야 비로소 참된 덕을 실천했다고 말할 수 있을 것입니다. 그리고 누가 진정 강한 사람인지 보여줄 것입니다. 강한 사람은 닫힌 문을 부수고, 자신이 정당하다면서 합리화한 폭력을 사용하여 권리를 주장하는 사람이 아닙니다. 오히려 그는 겸손과 인내의 영으로 만남과 대화의 시공간을 찾는 사람입니다. 그의 덕과 힘은 패배자처럼 보이지만, 사랑으로 십자가의 불의를 받아들이며 세상을 이기신 분의 힘으로 평가될 것입니다.

이 모든 것에서 영혼의 구원, 즉 자신의 정체성을 지키는 구원을 찾을 수 있습니다. 이는 삶의 여러 상황이 만족을 주는 쉬운 순간에는 당연한 것으로 느껴질 수 있지만, "자신을 만족스럽게 해야 할 사람들이 자신을 반대할 때"(권고 13) 흔들리거나 깊은 시험에 빠질 수 있습니다. 복음의 지혜에 따라 이러한 실존의 어려움을 살아간다는 것은 사랑 때문에 스스로 종이 되신 분을 본보기로 삼아 강인한 삶의 태도로 인도되는 종으로 살아간다는 의미입니다. 이는 자신의 영혼, 진실성, 정체성을 구원하는 길입니다. 영혼의 구원이란 자기 삶의 계획에 반대되는 역학 속에서 자신을 잃는 것이 아니라, 그리스도 안에서 완전한 성취와 참된 기쁨을 발견하려는 열망을 더욱 굳건히 하는 심오한 동기를 찾는 데 있습니다.

붙임

참되고 완전한 기쁨[46]

¹ 어느 날 복되신 프란치스코가 천사들의 성 마리아 성당에 머물고 있을 때 레오 형제를 불러 이렇게 말했다고 같은 형제[레오나르도 형제]가 전하였다: "레오 형제, 기록하십시오." ² 레오 형제가 대답하였다: "예, 준비되었습니다." ³ 프란치스코가 말했다: "어떤 것이 참된 기쁨인지 기록하십시오."

⁴ "어느 소식 전달자가 와서 파리의 모든 교수들이 우리 수도회에 들어왔다고 전한다고 합시다. 그러나 그것이 참된 기쁨이 되지 않는다고 기록해 놓으십시오. ⁵ 마찬가지로 알프스 산 너머 모든 고위 성직자들, 대주교들과 주교들이 우리 수도회에 들어오고, 또 프랑스의 왕과 영국의 왕이 우리 수도회에 들어왔다고 전

---

46 역자 주: 저자가 「참되고 완전한 기쁨」을 전문으로 인용하지 않지만, 저자가 이 글을 자주 인용하기에 독자의 이해를 돕기 위해서 덧붙인다.

한다 해도, 그런 것들이 참된 기쁨이 되지 않는다고 기록해 놓으십시오. ⁶ 마찬가지로 나의 형제들이 비신자非信者들에게 가서 그들 모두가 신앙을 갖게 하였고, 또한 내가 병든 이들을 고쳐 주고 많은 기적들을 행할 수 있는 큰 은총을 하느님으로부터 받았다고 전한다 해도 나는 형제에게 말합니다. 이 모든 것들 안에는 참된 기쁨이 없습니다."

⁷ "그러면 참된 기쁨이란 어떤 것입니까?" ⁸ "내가 페루자에서 돌아오는데 이 곳에 밤이 깊어 도착합니다. 때는 겨울이고 진흙 길이며 몹시 추위, 나의 수도복 자락에 젖은 찬물이 얼어 고드름이 되고, 그 고드름이 자꾸 다리를 때려, 다리의 상처에서 피가 나옵니다. ⁹ 그리고 내가 추위에 떨면서 진흙과 얼음에 뒤범벅이 되어 문에 다가가서, 오랫동안 문을 두드리고 부르기를 수차례 한 다음에야, 형제 하나가 나와서 '당신은 누구요?' 하고 묻습니다. 나는 '프란치스코 형제입니다'라고 대답합니다. ¹⁰ 그는 '썩 물러가거라. 지금은 돌아다니는 시간이 아니니, 들어올 수 없다'라고 말합니다. ¹¹ 내가 다시 애걸하자, 그는 '썩 물러가거라. 어리석고 무식한 것아, 두 번 다시 우리에게 오지 말아라. 우리는 이제 사람들도 많고 훌륭한 사람들도 많으니, 너는 필요 없어!'라고 대답합니다. ¹² 나는 또다시 문 앞에 서서 '하느님의 사랑으로 오늘 밤만이라도 저를 받아 주십시오!' 하고 애걸합니다. ¹³ 그러나 그는 '그럴 수 없어! ¹⁴ 십자가 수도회로 가서 부탁해봐!'라고 대답하니

다. ¹⁵ 이러한 경우 만약 내가 인내를 가지고 마음의 평정을 잃지 않는다면, 바로 여기에 참된 기쁨이 있고 또한 참된 덕도 영혼의 구원도 있다고 나는 형제에게 말합니다."